犬たちがくれた音

聴導《ちょうどう》犬《けん》誕生《たんじょう》物《もの》語《がたり》

著
高橋うらら

写真
MAYUMI

フォア文庫
金の星社

もくじ

装丁　山田武

はじめに

みなさんは、補助犬《ほじょけん》という言葉をごぞんじですか。

補助犬《ほじょけん》とは、身体《しんたい》にハンディキャップのある方のお手伝いをする犬のことです。盲導犬《もうどうけん》、聴導犬《ちょうどうけん》、介助犬《かいじょけん》の三つの種類がありますが、これから始めるのは、聴導犬《ちょうどうけん》についてのお話です。

盲導犬《もうどうけん》にくらべ、聴導犬《ちょうどうけん》は日本での歴史が浅く、数も少ないですから、まだ聴導犬《ちょうどうけん》を街で見かけたことはないかもしれません。アメリカやイギリスでは、すでにたくさんの聴導《ちょうどう》犬《けん》が活躍《かつやく》しています。しかし日本では、実際《じっさい》に働いている聴導犬《ちょうどうけん》の数を全部あわせても約六十頭にしかなりません（二〇一五年六月現在《げんざい》。厚生労働省《こうせいろうどうしょう》ホームページより）。

盲導犬《もうどうけん》のことは、よく知っていると思います。目の不自由な人が、段差《だんさ》につまずいたり、物にぶつかったりしないよう、歩くときお手伝いをする犬のことです。

それに対して聴導犬《ちょうどうけん》は、聴導犬《ちょうどうけん》であることをしめすオレンジ色のコートを着て、耳の不自由な人に、生活に必要な音を伝える仕事をします。犬は、人間の何倍ものすぐれた聴覚《ちょうかく》を持っているので、それを活《い》かしてもらうのです。

玄関《げんかん》のインターホンが、ピンポンと鳴る音。ファックスが来た音。お湯がわいて、やかんがピーッと鳴る音。目覚まし時計の音。家族が自分を呼《よ》ぶ声。火事を告《つ》げる非常《ひじょう》ベルの音……。耳の不自由な人は、生活に必要なさまざまな音を聞きとれないために、とても苦労しています。

聴導犬《ちょうどうけん》は、インターホンの音が聞こえたら、ユーザー（使用者）に自分の前足でポンとタッチして知らせ、ユーザーの少し前を歩き、インターホンが鳴った玄関《げんかん》までつれていきます。ファックスの音に気づいたら、ファックスのあるところまで案内します。ユーザーが、やかんや鍋《なべ》を火にかけて料理タイマーをセットしたら、タイマーが鳴ったときに、

料理のタイマーが鳴ったことを教える聴導犬《ちょうどうけん》のみかん。

音がすると、聴導犬《ちょうどうけん》は前足で軽くタッチして知らせる。

「もう煮立《にた》ったよ」と教えます。

耳の不自由な人を「呼《よ》んできて」といわれたら、さがしだして、呼《よ》んだ人のところまでいっしょにもどります。銀行や病院の受付では、受付の人にあらかじめわたしておいたベルを鳴らしてもらい、聴導犬《ちょうどうけん》がユーザーにタッチして、「順番が来たよ」と知らせます。

目覚まし時計が鳴ったら、ねている人の上に軽く乗って起こします。

非常《ひじょう》ベルが鳴ったら、床《ゆか》に「ふせ」をして、危険《きけん》がせまっていることを教えます。そしてユーザーと聴導犬《ちょうどうけん》は、すぐに外へにげるのです。

聴導犬《ちょうどうけん》がいれば、耳の不自由な人は、とても便利《べんり》で安心です。ところが、聴導犬《ちょうどうけん》を育てる活動をしている人たちは、ときどきこういわれてしまいます。

「きびしい訓練をさせるなんて、犬がかわいそうです。動物の虐待《ぎゃくたい》だ。すぐにこんな活動はやめてください！」

家の中だけでなく、聴導犬《ちょうどうけん》は外へもいっしょに出かける。正式に認定《にんてい》された聴導犬《ちょうどうけん》は、乗り物に乗ったり、公共施設《こうきょうしせつ》やデパート、レストランなどにも入ることができる。

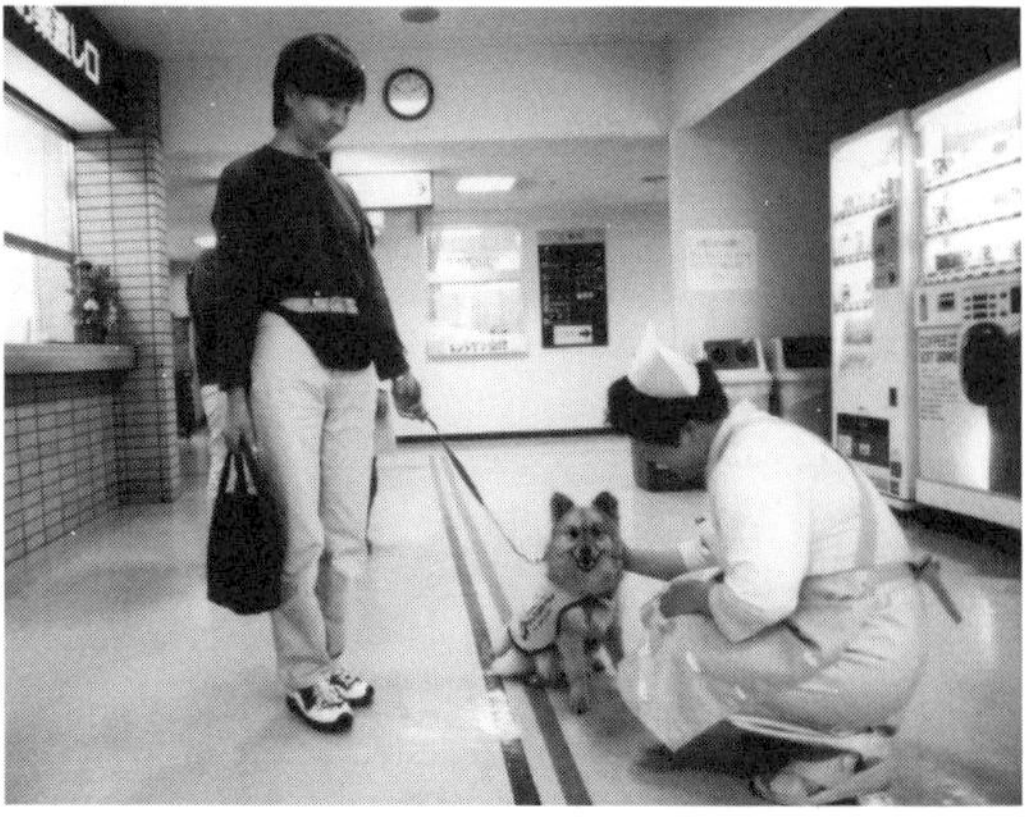

病院で。

また、聴導犬《ちょうどうけん》がいなくても、「機械を使って音を知らせればじゅうぶんだ」という人もいます。

たしかに、玄関《げんかん》のインターホンが鳴ったことを、光るフラッシュライトを使って教える機械はあります。目覚まし時計にブルブルふるえるバイブレーターをつないで枕《まくら》の下に入れ、ねている人を起こす装置《そうち》もあります。

では、機械さえあれば聴導犬《ちょうどうけん》はいらないのでしょうか。

聴導犬《ちょうどうけん》について、よりくわしく調べるため、わたしは何人かの方にお会いして、お話をうかがうことにしました。協力してくださった方がたは、みなさん、ハンディキャップのある方のことを親身《しんみ》になって考えておられました。動物好きで、心やさしい方ばかりで、とても強い使命感《しめいかん》、責任感《せきにんかん》を持って、動物保護《ほご》や聴導犬《ちょうどうけん》の育成《いくせい》にとりくんでいました。

そして、その方たちを訪問《ほうもん》するたび、何頭もの犬がかけつけてきては、ひざに鼻をすりつけ、礼儀《れいぎ》正しくあいさつしてくれました。

犬たちには、そっと目で問いかけてみました。

「どう？　ここの生活は楽しい？」

この取材《しゅざい》によってえられた、聴導犬《ちょうどうけん》と、聴導犬《ちょうどうけん》を育てる活動についてのさまざまな情報《じょうほう》を、わたしは、ある一頭の犬と、その犬を育てた人たちを主人公にして、一つのお話としてまとめてみることにしました。

その犬の名前は「ハナ」。後ろ足で立ちあがったら、小柄《こがら》な人間より背《せ》の高そうな雑種《ざっしゅ》のメス犬です。ハナは、はじめて会ったとたん、こちらのにおいをクンクンとかぎまわり、こういってくれたのでした。

「わたしのことを本にしたかったら、どうぞ書いていいですよ。しっかり調べていってくださいね」って。

1　もう犬をすてないで

ヒュルルルル……。

一九九八年一月十七日。くもり空の下、さすような北風がふいていました。

三頭の子犬が、ダンボールの中で、おたがい体をよせあってふるえています。生まれて三か月くらいの兄弟で、ラブラドールに似《に》たうす茶色をしています。

子犬たちは、飼《か》い主《ぬし》に置きざりにされてしまったのです。自分の犬がたくさん赤ちゃんを産んで、もう飼《か》いきれなくなってしまったのでしょうか。

ただ一つ幸《さいわ》いだったのは、すてられた場所が、アーク（ARK＝アニマルレフュージ関西《かんさい》）の目の前だったということでした。アークは、動物保護団体《ほごだんたい》で、すてられた犬や猫《ねこ》を保護《ほご》し、新しい飼《か》い主《ぬし》をさがす活動をしています。

大阪府豊能郡能勢町《おおさかふとよのぐんのせちょう》の山の中、石ころだらけの道をのぼった先に、アークの建物がならんでいます。専門《せんもん》のスタッフとたくさんのボランティアたちが、動物たちを世話する仕事をしています。きっと飼《か》い主《ぬし》も、ここなら子犬たちを育ててもらえるだろうと思い、わざわざ自動車ですてにきたのでしょう。

通りがかったアークのスタッフが、子犬たちに気がつきました。建物の中に運びいれ、三頭いっしょに柵《さく》の中に入れてやります。

するとそこへ、また新たな情報《じょうほう》が入りました。村の中を、この犬たちにそっくりな子犬が二頭、元気にかけまわっているというのです。ダンボール箱からにげだした子犬もいたのでした。

「迷子《まいご》にならないうちに、つかまえなくちゃ！」

スタッフは総出《そうで》で、子犬たちを追いかけはじめました。

「ほらほら、こっちへおいで！」

「おいしいご飯よ！」

あの手この手で、しんぼう強く子犬たちを呼《よ》びよせ、やっと五頭全部を保護《ほご》することに成功します。


ここで、アーク（アニマルレフュージ関西《かんさい》）について、くわしく説明しておきましょう。動物保護《ほご》の問題は、聴導犬《ちょうどうけん》を育てる活動と、深く結びついています。

アークは、一九九〇年に、日本に住むイギリス人、エリザベス・オリバーさんによって創設《そうせつ》されました。

オリバーさんは、来日して英語の先生をしていましたが、すてられている犬や猫《ねこ》をひろって育てる活動をするうち、やがてアークという動物保護《ほご》の団体《だんたい》をつくりあげました。

アークでは、たくさんの犬や猫《ねこ》を保護《ほご》して、新しい飼《か》い主《ぬし》をさがす活動をしています。虐待《ぎゃくたい》されている動物がいると聞けば、すぐにかけつけて救いだします。正しい動物の飼《か》

アークの施設《しせつ》は豊《ゆた》かな
自然にかこまれた敷地《しきち》
の中にある。

アークの代表、エリザ
ベス・オリバーさん。

アークのスタッフと犬。

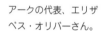

い方《かた》や、動物保護《ほご》の重要性《じゅうようせい》について、一般《いっぱん》の人に知らせる活動も行っています。

大阪《おおさか》の繁華街《はんかがい》にすてられていたブタや、神戸《こうべ》の公園につながれていたギンギツネも、アークの住人になりました。

阪神淡路大震災《はんしんあわじだいしんさい》のときは、ものすごく大変でした。家がこわれたり、飼《か》い主《ぬし》が亡《な》くなったりして、帰る場所を失った犬や猫《ねこ》が、たくさんいたからです。

飼《か》い主《ぬし》が無事《ぶじ》でも、家がこわれてしまった場合、ペットを飼《か》いつづけるのはむずかしくなります。仮《かり》の住まいやホテルでは、ペットはことわられてしまうからです。被災者《ひさいしゃ》たちは、とつぜんの天災《てんさい》にあい、ただでさえ絶望的《ぜつぼうてき》な気持ちになっていました。かわいいペットでも、もはや手放すか安楽死させなくては無理かと思いはじめていました。

このとき災害時《さいがいじ》の動物保護《ほご》のため、世界各国からボランティアが神戸《こうべ》にやってきていました。オリバーさんとボランティアの人たちは被災地《ひさいち》をまわり、多くの動物がおなかをすかせて死にそうになっていたり、飼《か》い主《ぬし》に見すてられそうになっていたりすることに、すぐに気がつきました。動物たちのために新しい土地を手に入れ、ビニールハウスで仮設《かせつ》の小屋をたくさん建て、急いで救いの手をさしのべることにしました。

迷子《まいご》になっている動物を見つけると、保護《ほご》してまわりました。被災者《ひさいしゃ》たちに一刻《いっこく》も早く情報《じょうほう》が伝わるように、チラシをあちこちにくばったり、はりつけたりしました。「新しい住まいが見つかるか、家を建てなおすまで、あなたのペットを大切におあずかりします」。

地震《じしん》のあとの一年間で、アークは約六百頭の動物をあずかりました。もちろん中には、被災地《ひさいち》からせっかく助けだしてきても、どうしても飼《か》い主《ぬし》が見つからなかった犬や猫《ねこ》もいました。

しかし、震災《しんさい》から数か月たって生活が落ちついてくると、計画通り、たくさんの飼《か》い主《ぬし》たちが、「ありがとうございます。本当に助かりました」と、自分のペットをアークへ引きとりにきました。動物たちは、ふたたび元の飼《か》い主《ぬし》といっしょに暮《く》らせるようになったのです。

現在《げんざい》でも、アークのスタッフは、あとからあとからやってくる、すてられた動物たちの世話で、毎日お昼ご飯を食べる時間もないほど大いそがしです。たとえ雨の日でも、一人一日二十頭の犬を散歩させます。小屋のそうじをしたり、食事や薬をあたえたり、そのほかに事務的《じむてき》な仕事もするので、休むひまもありません。

ですから、ただ自分勝手に、「飼《か》いきれないから引きとってください」といってくる相談には、応《おう》じていません。そんなことを始めたら、アークの動物小屋は、すぐにパンクしてしまいます。

現在《げんざい》の日本は、空前《くうぜん》のペットブームです。ペットショップには、かわいらしい子犬がならび、ほしい犬がすぐにさがせるようになっています。スーパーマーケットやデパートでは、ペットフードばかりでなく、ペット用のおもちゃや、洋服、食器まで売られています。

しかしその反対に、毎日たくさんの犬が、飼《か》い主《ぬし》のわがままですてられています。

「こんな犬にはもうあきた。こんなに大きく育つとは思わなかった」

犬たちは、そうじのゆきとどいた犬舎《けんしゃ》で、鎖《くさり》につながれず、のびのびと暮《く》らしている。

犬舎《けんしゃ》をそうじするスタッフ。

「引っこし先では、ペットは飼《か》えない決まりなんだってさ」

「子どもをこんなにたくさん産んで、しまつにこまる」

「この犬は大きくなりすぎて、ペットショップでは売れないから、もういらないよ」

それぞれ、自分勝手な理由をつけては、犬を手放します。ペットを飼《か》うときは、本当に最後まで世話ができるのか、よくよく考えなくてはなりません。動物の習性《しゅうせい》や飼《か》い方《かた》も、飼《か》う前によく調べなくてはなりません。

テレビや雑誌《ざっし》でかわいい犬を見て、「じゃあわたしも」と、ペットショップで気軽に犬を買いもとめ、とちゅうで飼《か》いきれなくなる人が、たくさんいます。すてられている犬を見れば、どんな種類の犬に人気があるのか、わかるといいます。

また、犬が一度に何頭もの子を産むことも、わすれてはならないことです。放っておくと、どんどんふえてしまいますから、気をつけなければなりません。

せっかく生まれてきたのに飼《か》い主《ぬし》にすてられ、保健所にとらえられた犬がたどる運命は悲惨《ひさん》です。「動物管理センター」や「動物愛護《あいご》センター」などと呼《よ》ばれる施設《しせつ》に置いてもらえるのは、数日間から、長くて一週間です。

野良犬《のらいぬ》がふえ、狂犬病《きょうけんびょう》がはやったり、人にかみついたりしたら大変危険《きけん》です。そのため、決められた日数のうちに引きとり手があらわれなければ、処分《しょぶん》されてしまうこともあります。何頭かの犬をいっしょにガス室に入れ、炭酸《たんさん》ガスをすわせて、窒息死《ちっそくし》させるのです。

日本全体で、毎日多くの犬が、こうして命を絶《た》たれています。

本来なら、愛する飼《か》い主《ぬし》のうでの中で、安らかな死をむかえたかった犬たち。いったい、どうしてこんなことになってしまったのでしょう。

もちろん悪いのは、犬をすてた飼《か》い主《ぬし》です。犬は無責任《むせきにん》にすててはいけないし、だれかにゆずる場合も、その犬が幸せに暮《く》らせるかどうか、きちんと見とどけなければなりません。

中には、犬を飼《か》いきれなくなってこまっている人を見つけると、引きとってあげると申しでて、そのまま動物実験用に売りさばく悪い業者《ぎょうしゃ》もいます。悲しいことに、よくしつけされた行儀《ぎょうぎ》のいい犬ほど、注射《ちゅうしゃ》をされても何をされても、人間を信じておとなしくしているので、動物実験に使うのに向いているのです。

アークに保護《ほご》された子犬たち。手すりに乗りだしている真ん中の子犬は、のちにハナと名づけられる。

2　ハナ、テストを受ける

さて、幸運にもアークに保護《ほご》された子犬たちは、こうして五頭全部そろいました。二頭のメス犬と三頭のオス犬です。スタッフが水と食事をあたえると、子犬たちはわれ先にかけよって、ガツガツと食べはじめました。おなかが、ぺこぺこだったのです。

ほかにもたくさんの動物たちが、アークで暮《く》らしています。動物たちが一頭か数頭ずつ、別べつにすめるよう、屋外《おくがい》には小屋がずらりとならんでいます。子犬たちは、しばらくここで生活しながら、新しい飼《か》い主《ぬし》があらわれるのを待つことになりました。

子犬たちのうち一頭のオス犬は、名前をつけてもらう前に、さっそく新しい飼《か》い主《ぬし》があらわれてもらわれていきました。残りの犬たちは、それぞれアークで名前をつけてもらいました。

ミルキー（メス）、シンタロウ（オス）、クミン（オス）。

ひろわれたとき、おとなしくダンボールの中にいたメス犬は、ペッパーと名づけられました。のちにハナと名前が変わる犬です。

ぴょこんと折れた耳に、まだ子犬らしい丸い顔。しっぽの先だけ、くるんと丸まっています。前足をパタンパタンとさせて、「遊ぼう、遊ぼう」とほかの犬をさそっています。

ペッパーはアークで食事をあたえられ、体をシャンプーしてもらい、予防接種《よぼうせっしゅ》を受け、元気にすごしました。

ほかの兄弟たちは、さらに一頭、また一頭と新しい飼《か》い主《ぬし》が決まってもらわれていきます。しかし、なかなかペッパーには飼《か》い主《ぬし》が見つかりません。

それが幸《さいわ》いしたのでしょうか。長くいっしょに暮《く》らすうち、アークのスタッフは、この子犬がとびきり人なつっこく、しかも落ちついていて、頭もよさそうだということに気がつきました。

「この犬は、もしかしたら、大きくなって人のために役立つ犬になれるのでは」
アークのスタッフは、そう考えて、あるところに連絡《れんらく》をとりはじめました。

連絡《れんらく》を受けたのが、長野県宮田村《ながのけんみやだむら》にある「日本聴導犬協会《にほんちょうどうけんきょうかい》」です。聴導犬《ちょうどうけん》を育て、耳の不自由な人に無料で貸《か》しだす仕事をしている協会です。

協会の会長は、有馬《ありま》もとさんという、おかっぱ髪《がみ》で笑顔のやさしい女性《じょせい》です。一九九六年にできたこの協会は、まだ活動を始めてまもなく、将来《しょうらい》りっぱな聴導犬《ちょうどうけん》になる子犬をさがしていました。

有馬《ありま》さんとアークのオリバーさんとは、有馬《ありま》さんがイギリス留学中《りゅうがくちゅう》にぐうぜん出会った知りあいどうしでした。その縁《えん》で、日本聴導犬《ちょうどうけん》協会とアークにはつながりがありました。

聴導犬《ちょうどうけん》に育てる犬は、動物愛護《あいご》の精神《せいしん》から、すてられた犬の中から選ぶことにしていました。殺される前に一頭でも、すて犬を救いたい。保健所やアークのような動物保護団体《ほごだんたい》とつねに連絡《れんらく》をとりあって、聴導犬《ちょうどうけん》に向いていそうな犬がいたら、知らせてくれるようにたのんでいました。

「では、その犬を見にいってみましょう」

有馬《ありま》さんをはじめ、日本聴導犬《ちょうどうけん》協会のスタッフは、すぐにそう決めました。さっそくアークに出かけようとすると、「ぜひ、われわれもいっしょに行きます！」と、ついてきた人たちがいます。

ちょうどそのころ、日本聴導犬《ちょうどうけん》協会のようすを、「どうぶつ奇想天外《きそうてんがい》！」というテレビ番組が取材《しゅざい》していました。子犬を選ぶところをぜひテレビカメラにおさめようと、テレビ局の人たちが、カメラをかかえてやってきました。

こうして、アークにとつぜんあらわれた大勢《おおぜい》の人の前で、しかも、テレビカメラの前で、ペッパーは聴導犬《ちょうどうけん》に向いているかどうかのテストを受けることになりました。

日本聴導犬《ちょうどうけん》協会の旧事務所《きゅうじむしょ》。門の前にならんでいるのは協会犬のクロ(左)とタカ。

協会の旧事務所《きゅうじむしょ》の前にならんだスタッフと協会の犬たち。
前列が会長の有馬《ありま》もとさん。

ペッパーは、ラブラドールと大型の犬種《けんしゅ》がまざった雑種《ざっしゅ》です。

盲導犬《もうどうけん》の場合は、人とならんで同じスピードで歩かなければならないので、犬の大きさもユーザー（使用者）によってある程度《ていど》決まってしまいます。しかし、聴導犬《ちょうどうけん》の場合は、とくに大きさに決まりはなく、オス・メスも関係ありません。ただ、犬と暮《く》らすことになるユーザーが、飼《か》いやすい小さめの犬を希望するため、実際《じっさい》は小型や中型の犬が聴導犬《ちょうどうけん》になっています。

聴導犬《ちょうどうけん》に向いているかどうかのテストには、たくさんのチェックポイントがあります。

ペッパーは、こんなテストを受けました。

おなかを上にして、だっこしてもあばれないか。足の指の間をさわってもおこらないか。犬がもし、おなかを上に向けたままだっこされたり、足をさわられたりしても、おこらなければ、それは人間になついて、リラックスしている証拠《しょうこ》です。ペッパーはだっこしても、足をだらんとさせて、うれしそうにしていました。足の指の間をさわっても平気でした。

人間のことを信頼《しんらい》しているのです。

次に、音が聞こえたら敏感《びんかん》に反応《はんのう》できるかどうかのテストを受けました。これも、なかなかの成績《せいせき》です。

あたえたおもちゃをとりあげてもおこらないかどうか、も調べました。ペッパーは、うなったりほえたりしませんでした。なんでも自分だけのものにしたがる犬は、聴導犬《ちょうどうけん》の仕事に集中することができません。

ほかにもいろいろなテストがありました。

知らない人が来てもあわてないか。いやがったりしないか。いろいろな人に会うたびにさわいでいたのでは、聴導犬《ちょうどうけん》はつとまりません。

ほかの犬ともなかよくできるか。ペッパーは、自分より小さな犬にも姿勢《しせい》を低くして、「遊ぼう遊ぼう」とさそいます。犬どうしも、いつもなかよくできることが大事です。散歩のとちゅうで、ほかの犬とけんかになったらこまるからです。

たくさんのテストを受けましたが、ペッパーは無事《ぶじ》、合格《ごうかく》しました。このテストに合格《ごうかく》できるのは、だいたい三百頭に一頭といわれています。そのくらい、ペッパーはいろいろな面で聴導犬《ちょうどうけん》に向いていました。

「連絡《れんらく》してくださってありがとうございます。おっしゃる通り、とても適性《てきせい》のある子です。それでは、この子を協会につれてかえりましょう。聴導犬《ちょうどうけん》の候補犬《こうほけん》として育ててみようと思います」

有馬《ありま》さんをはじめ日本聴導犬《ちょうどうけん》協会のスタッフたちは、アークの人にお礼をいって、ペッパーを自動車に乗せ、協会につれてかえりました。すてられているのが見つかってから二か月後、もうすぐ春がやってくる三月十九日のことでした。

日本聴導犬《ちょうどうけん》協会は、長野県《ながのけん》の駒ヶ岳《こまがたけ》のふもと、宮田村《みやだむら》にあります。小さな無人駅のすぐ前にある、一般《いっぱん》の家を二つつなげた建物が、協会の事務所《じむしょ》と犬たちの家をかねています。

協会のスタッフがペッパーをだいて玄関《げんかん》をあけると、協会の犬たちがいっせいにかけよ

協会で暮《く》らす犬たちは、みんななかよしだ。左からタカ、ハナ、ケンタ。

ちょっと大きくなったハナ（1999年ころ）。

ってきて、大歓迎《だいかんげい》してくれました。

ペッパーは、到着《とうちゃく》するなり、初対面《しょたいめん》の犬たちにかこまれて、目をきょろきょろさせました。まわりの犬たちは、協会のスタッフに「シット！（おすわり）」といわれ、しぶしぶすわっています。

もちろん、ペッパーはまだ「おすわり」も知らなかったのですが、そのようすをじっと見つめたあと、自分もまねして、ちょこんとすわってみたのです。

「グッド！　グッド！（えらい、えらい！）」

協会のスタッフは、すかさず手をたたいてほめ、ごほうびのおやつをあたえました。

ペッパーはこうしてすぐに、「シット！」を覚えてしまいました。

そしてペッパーは、協会に来るとまもなく、「ハナ」という新しい名前をつけてもらいました。

協会では、聴導犬《ちょうどうけん》になる犬に、耳の不自由な人でも呼《よ》びやすい、日本語の短い名前をつけることにしていました。「ペッパー」のように、つまる音が入ると、耳の不自由な人はとても発音しにくいのです。それで、名前を変えることになったのでした。

さて、こうしてハナが聴導犬《ちょうどうけん》のテストに合格《ごうかく》したようすは、テレビ局のスタッフによって、ビデオにおさめられました。そのハナのビデオを、番組が放送される前に、東京のテレビ局でじっと見つめていた人がいました。

聴導犬《ちょうどうけん》の子犬を育てるボランティアをしていた、大澤裕子《おおさわひろこ》さんです。

ちょうどそのとき裕子《ひろこ》さんは、「ケンタ」という子犬を協会からあずかって、育てていました。自分とケンタも、同じ「どうぶつ奇想天外《きそうてんがい》！」の番組に取材《しゅざい》されていたので、自分とケンタがうつったビデオといっしょに、大阪《おおさか》のアークで撮《と》ったハナのビデオをテレビ局で見たのです。

「まあ、あの犬はなんてかわいいんでしょう！　大きな体の犬なのに、しぐさが子どもっぽくて！」

大澤裕子《おおさわひろこ》さんは、すっかりハナのことを気に入りました。もちろん、のちに自分がハナの飼《か》い主《ぬし》になるとは、まだ夢《ゆめ》にも思っていなかったのですが。

猫《ねこ》といっしょに気持ちよさそうにねむるハナ。

3 盲導犬訓練士《もうどうけんくんれんし》になる夢《ゆめ》

ここで、裕子《ひろこ》さんが、どうして聴導犬《ちょうどうけん》の子犬を育てるボランティアをするようになったのか、お話ししておきましょう。

この子犬育てのボランティアは、強い責任感《せきにんかん》と使命感《しめいかん》がないと、とても引きうけられない仕事です。なにしろ子犬の命をあずかるのですから、責任《せきにん》は重大です。気をつけて育てないと、犬のせっかくの才能《さいのう》をだいなしにしてしまうおそれもあります。

裕子《ひろこ》さんは、東京で生まれ、東京で育ちましたが、小さいころから、動物が大好きな女の子でした。お父さんが動物好きなこともあり、家では文鳥《ぶんちょう》や金魚を飼《か》っていました。

まだ三歳《さい》か四歳《さい》のころ、そのころはめずらしかった白いスピッツが家にやってきて、裕《ひろ》子《こ》さんは大喜びしました。しかし、ある日とつぜん、このスピッツがいなくなってしまいました。

「ワンちゃんは？　ワンちゃんはどこ？」

裕子《ひろこ》さんがさがしまわると、お父さんが、申しわけなさそうにいいました。

「ごめんね、裕子《ひろこ》。犬はほかの家にやったんだよ。裕子《ひろこ》は、のどが弱くて、カゼもひきやすいだろう。スピッツの長い毛が、体によくないんだそうだ。しかたがないから、お父さんのお友だちの家にあげることにしたんだ」

裕子《ひろこ》さんは、病気がちで、一人娘《ひとりむすめ》でした。お父さんは娘《むすめ》の健康を心配して、犬を手放してしまったのです。

「え？　ワンちゃん、もういないの？　いっしょに遊べないの？」

裕子《ひろこ》さんは、大泣きしてダダをこねました。でも、どうしようもありません。

「ひどい。ワンちゃんはわたしの犬よ。どうしてあげちゃったのよ……」

いくら泣いてもさわいでも、お父さんはそれから二度と家で犬を飼《か》ってくれません。しかたなく、ときどきとなりの家の犬を見にいっては、かわいがって気をまぎらわせていました。

小学生になると、家では犬を飼《か》えないとわかっていたので、すてられていた犬や猫《ねこ》を、友だちとかわりばんこにダンボールで飼《か》ったこともありました。

いつか自分も犬を飼《か》いたい。犬といっしょに暮《く》らしたい。裕子《ひろこ》さんはそう思いつづけて大きくなりました。

高校を卒業すると、大学の仏文科《ふつぶんか》に入学しました。色白で、すらっと背《せ》が高い女性《じょせい》になっていました。かわいい動物を見ると、目を三日月のようにさせてほほえむくせは、子どものときから変わりません。

大学三年生のとき、テレビでぐうぜん見たのが、盲導犬《もうどうけん》の訓練のようすを伝える番組です。当時、日本の盲導犬《もうどうけん》の数はまだ少なく、盲導犬《もうどうけん》がどんな仕事をするのか、一般《いっぱん》にはよく知られていませんでした。

テレビ番組の中で、盲導犬《もうどうけん》の訓練士《くんれんし》は、きびきびと犬に訓練をさせていました。

「本当に犬が、目の見えない人を案内できるのかしら」

生まれてはじめて盲導犬《もうどうけん》を見て、裕子《ひろこ》さんは、テレビ画面にくぎづけになりました。

盲導犬《もうどうけん》は首輪とリード（犬をつなぐひも）ではなく、「ハーネス」という特別な道具を背《せ》中《なか》につけています。目の不自由な人は、そのハーネスの上を持って犬の動きを敏感《びんかん》に感じとります。

盲導犬《もうどうけん》の訓練で、一番むずかしいのは、たとえユーザー（使用者）が「ゴー！（行け）」といっても、もし犬が危《あぶ》ないと気づいたら、前に進まないように教えることです。

番組では、盲導犬《もうどうけん》の訓練士《くんれんし》が、自動車が来るとわかったら、たとえ主人の命令でも前に進まないよう、犬に教えているところでした。自動車にぶつかりそうになると、何度も「ノー！　ノー！」といって犬に教えます。そのうち犬も、だんだん自動車が来ると、立ちどまるようになります。

訓練士《くんれんし》が目の不自由な人の役をして、犬といっしょに、すいすいと物をよけながら、道を歩くシーンもありました。盲導犬《もうどうけん》は、自分が通れても、背《せ》の高いユーザーがぶつかってしまう物があれば、前には進みません。

階段《かいだん》の下まで来ると、立ちどまって階段《かいだん》があることを教えています。いっしょに電車に乗る訓練もしていました。

「すごいわ！　犬がここまでやるなんて！　ああ、わたしも大学を卒業したら、盲導犬《もうどうけん》の訓練士《くんれんし》になりたい。なんてやりがいがあるんでしょう。第一、ずっと犬といっしょだなんて、わたしが一番やりたかった仕事だわ！」

裕子《ひろこ》さんの友人には、体の不自由な子どもの施設《しせつ》でボランティアをしている人がいました。高校のときには、目の不自由な人と点字《てんじ》で文通していた人もいました。ハンディキャップのある人たちがかかえている問題には日ごろから興味《きょうみ》があり、よけい、この仕事にひかれました。

図書館で、盲導犬《もうどうけん》のことや目の不自由な人のことを調べました。ますます、盲導犬訓練《もうどうけんくんれん》士《し》の仕事に夢中《むちゅう》になっていきます。

そしていきなり、お母さんに向かってこういいました。

「わたし、決心したわ！　大学を卒業したら、盲導犬《もうどうけん》の訓練士《くんれんし》になりたいの。いい仕事でしょう？」

ところが、そういいかけたとたん、お母さんは目を丸くしました。

「なんですって？　犬の訓練士《くんれんし》？　裕子《ひろこ》が、どうしてそんなものにならなくちゃならないの？」

「だって、犬といっしょに仕事ができたら幸せだもの」

「裕子《ひろこ》は、せっかく大学でフランス語を勉強したんですよ。仕事を選ぶなら、語学《ごがく》を活《い》かす仕事につくのがあたりまえでしょう」

「でも、どうしてもなりたいの。だってね、盲導犬《もうどうけん》ってすごいのよ……」

お母さんは、きびしい顔で首をふっています。

「とんでもありませんよ！　犬の訓練士《くんれんし》だなんて。裕子《ひろこ》にはもっときちんとした仕事についてもらいたいわ。もう年ごろなんだから、いい縁談《えんだん》があったら結婚《けっこん》しなくちゃならないんだし」

お母さんは、盲導犬《もうどうけん》のことを何も知りませんでした。いえ、そのころは、だれだってそうでした。娘《むすめ》がとっぴょうしもないことをいいだしたと思って、お母さんはとうとう、声をあげて泣きだしてしまいました。

「お、お母さん……」

裕子《ひろこ》さんは何かいいかえそうとしますが、胸《むね》がつまって言葉が出ません。盲導犬《もうどうけん》について少しは調べたというものの、盲導犬《もうどうけん》の協会に問いあわせたわけでも、どうしたら訓練士《くんれんし》になれるか、くわしく調べたわけでもありません。

裕子《ひろこ》さんは、何かしたいと思っても、強く反対されてまで、ましてやお母さんを泣かせてまで、無理におしとおしたりするタイプの女性《じょせい》ではありませんでした。

もっときちんといろいろ調べて、親が納得《なっとく》してくれるようにうまく話せばよかった。どうしてうかつに、軽い気持ちで切りだしてしまったんだろう。いきなりお母さんをびっくりさせて、泣かせてしまったんだろう。

「わかったわ、お母さん。盲導犬《もうどうけん》の訓練士《くんれんし》になるのはあきらめます。だから、もう泣かないで、ね」

お母さんには、そういってあやまり、もう二度とその話はしませんでした。とうとうお父さんには、盲導犬《もうどうけん》の訓練士《くんれんし》になりたいと、いいだすことさえできませんでした。

それでも裕子《ひろこ》さんは、本当は、犬といっしょの仕事がしたくてたまりませんでした。いつか実現《じつげん》するチャンスはないかと、ずっと待ちつづけていました。でも、そうかんたんにこの夢《ゆめ》はかないません。

大学を卒業して会社に就職《しゅうしょく》し、コンピューターにデータを入力《にゅうりょく》する仕事をしました。学生時代に知りあった大澤光彦《おおさわてるひこ》さんと、二十五歳《さい》のとき結婚《けっこん》して、大澤裕子《おおさわひろこ》さんになり、会社もやめて家庭に入りました。

ゆみちゃん、こうじくん、という二人の子どもも生まれました。しばらくは子育てだけでせいいっぱい。ペットを飼《か》う余裕《よゆう》もありません。ふつうの主婦《しゅふ》としての毎日がすぎていきます。夫の光彦《てるひこ》さんは、家庭を大事にする人で、とても幸せな毎日でした。

そして、二人の子どもが小学生になった、ある日のことです。裕子《ひろこ》さんは、ゆみちゃんとこうじくんをつれて、盲導犬《もうどうけん》の育成《いくせい》チャリティーウォークというイベントに参加してみることにしました。

このイベントでは、盲導犬《もうどうけん》をつれた目の不自由な人といっしょに、クイズに答えたり、スタンプラリーをしながら、皇居《こうきょ》のまわりを歩きます。参加費が、盲導犬《もうどうけん》を育てる団体《だんたい》に寄付《きふ》されると知り、裕子《ひろこ》さんは子どもたちをさそって参加したのでした。

このイベントで盲導犬《もうどうけん》に会ったとたん、裕子《ひろこ》さんの昔の夢《ゆめ》がふたたびよみがえってきました。

盲導犬《もうどうけん》の訓練士《くんれんし》にはなれなかったけれど、ほかにも自分ができる仕事はないかしら。前から聞いて知っていましたが、盲導犬《もうどうけん》を育てる仕事の一つに、子犬を育てる「パピー・ウォーカー」というボランティアがあります。子犬を家にあずかって人間になれさせ、基《き》本的《ほんてき》なしつけをする仕事です。ボランティアで報酬《ほうしゅう》はもらえませんが、やりがいはあるにちがいありません。

ゆみちゃんとこうじくんに相談すると、大賛成《だいさんせい》してくれました。

「わーい！　犬がうちに来るんだね！」

すっかり乗り気になっています。そこで、イベントが終わった数日後、盲導犬《もうどうけん》の協会に電話をかけ、

「子犬を育てるパピー・ウォーカーの仕事をさせていただけませんか」

と、問いあわせてみました。しかし、よくよく聞いてみると、パピー・ウォーカーにな

るためには、いくつかの条件《じょうけん》がありました。

その中でたった一つ、裕子《ひろこ》さんにできないことがありました。自動車の運転です。子犬をあずかったら、裕子《ひろこ》さんの住む東京から神奈川《かながわ》の訓練センターまで、子犬を自動車でつれていかなくてはなりません。

夫の光彦《てるひこ》さんは、免許《めんきょ》を持っていましたが、あいにく単身赴任中《たんしんふにんちゅう》で、東京から遠くはなれた長野県《ながのけん》で暮《く》らしています。

「やっぱり、無理ですね。あきらめます」

裕子《ひろこ》さんは、どんなにがっかりしたかしれません。もう少しで自分の昔からの夢《ゆめ》がかなうはずだったのに。子どもたちも、犬が来るのをわくわくして待っていたのに。

4 聴導犬《ちょうどうけん》になる子犬を育てよう

「残念《ざんねん》だわ。パピー・ウォーカーは、自分にぴったりのボランティアだと思ったのに」

「それなら、聴導犬《ちょうどうけん》の子犬育ての方はどうだい？」

裕子《ひろこ》さんがパピー・ウォーカーになれなかったことを残念《ざんねん》がっていると、夫の光彦《てるひこ》さんが思いもかけない話を持ちだしました。長野県《ながのけん》にいる光彦《てるひこ》さんとは、毎日ファックスのやりとりをして、おたがいのようすを伝えあっていました。

「日本聴導犬《ちょうどうけん》協会という協会が、ぼくが仕事をしている長野県《ながのけん》にあるそうだ。長野《ながの》と東京の往復《おうふく》なら、自分も車で行ったり来たりするのにちょうどいいから、協力できると思うけれど」

光彦《てるひこ》さんは、仕事の関係で、日本聴導犬《ちょうどうけん》協会のことを知っていました。裕子《ひろこ》さんが、どんなに子犬育てのボランティアをしたいかよくわかっていた光彦《てるひこ》さんは、自分から自動車の運転をする役をかってでてくれたのでした。

「ありがとう！　あなたが手伝ってくれるなら、きっとうまくいくにちがいないわ。でも、聴導犬《ちょうどうけん》って、いったいどんな仕事をするの？」

今度は、裕子《ひろこ》さんは、聴導犬《ちょうどうけん》のことについて調べはじめます。

世界ではじめて聴導犬《ちょうどうけん》が誕生《たんじょう》した国はアメリカです。一九六六年に、ちょっとしたきっかけから生まれました。

耳の不自由な娘《むすめ》さんが飼《か》っていた犬が、自然に音を教えたことから、両親が犬の訓練士《くんれんし》にたのみました。「娘《むすめ》の飼《か》っている犬を訓練して、生活に必要な音を娘《むすめ》に教えられるようにしてください」。それから数十年の間に、アメリカやイギリスでは、五千頭以上もの聴《ちょう》導犬《どうけん》が育てられ、活躍《かつやく》するようになりました。

しかし、裕子《ひろこ》さんが日本聴導犬協会《ちょうどうけん》のことを聞いたそのころは、まだ日本で働いている聴導犬《ちょうどうけん》は、数頭しかいませんでした。

日本聴導犬《ちょうどうけん》協会の会長、有馬《ありま》もとさんは、イギリスに留学中《りゅうがくちゅう》、現地《げんち》の福祉《ふくし》活動にふれ、アン王女が後援《こうえん》しているという英国聴導犬《えいこくちょうどうけん》協会の人たちに出会う機会にめぐまれました。日本に帰国後、長野県《ながのけん》の保健所所長をしていた女性《じょせい》と出会い、ぐうぜんこんな会話をかわしました。

「たくさんの犬が保健所で殺されるのを、なんとかしたいと考えているの。どうにかして一頭でも救う方法はないかしら」

有馬《ありま》さんは、「それなら、こんな方法もありますよ」と英国聴導犬《えいこくちょうどうけん》協会の活動を紹介《しょうかい》します。ところが、英国聴導犬《えいこくちょうどうけん》協会の指導《しどう》で聴導犬《ちょうどうけん》を育てる活動が始まっても、ボランティアどうしがうまくいかず、有馬《ありま》さんは英国聴導犬《えいこくちょうどうけん》協会から、「あなたを信じて訓練指導《しどう》したのだから、あなたが中心になって活動しなくちゃ無理ですよ」といわれてしまいました。

英国聴導犬《えいこくちょうどうけん》協会で研修《けんしゅう》を受ける有馬《ありま》もとさん（左はし）。

英国聴導犬《えいこくちょうどうけん》協会を訪《おとず》れた日本聴導犬《ちょうどうけん》協会のスタッフ。中央が有馬《ありま》さん。

有馬《ありま》さんはそのころちょうど、外資系《がいしけい》の会社に勤《つと》めようと就職《しゅうしょく》活動を行っていたところでした。

キャリアウーマンとしての人生をすてて、わたしが聴導犬《ちょうどうけん》を育てるんですって？　犬を飼《か》ったこともないのに？

留学前《りゅうがくまえ》は、募金《ぼきん》もボランティアも、有馬《ありま》さんは大きらいでした。

小学校ではじめて募金《ぼきん》活動をさせられたとき、集まったお金の使い道を教えてもらえず、どうしてこんなことをしなくてはならないのか、本当に役に立っているのか、疑問《ぎもん》に思った経験《けいけん》があったからです。

しかし、イギリスでの暮《く》らしが、そんな有馬《ありま》さんの考え方を大きく変えていました。

イギリスでは、ハンディキャップのある人やお年より、子どもまで、だれもがチャリティーに協力するために、自分たちのできる奉仕活動《ほうしかつどう》をすすんでしていました。おたがい援助《えんじょ》したり援助《えんじょ》されたり、対等《たいとう》な立場で生活しようと努力していたのです。

聴導犬《ちょうどうけん》を育てる訓練士《くんれんし》も、耳の不自由な人と、まるで友だちのように、親しげに接《せっ》していました。「何かをしてあげる」という、見くだした態度《たいど》ではありません。

本当の福祉《ふくし》とは、だれもが対等《たいとう》の立場で、たがいに協力することなんだ。それがどんなにすばらしいことか、イギリスの福祉《ふくし》活動を見て、よくわかっていました。日本もいつかそうなればと、考えたことも事実でした。

すでに保健所から六頭の犬をひきとり、聴導犬《ちょうどうけん》育ての活動はスタートしています。見すててしまうわけにはいかない。聴導犬《ちょうどうけん》を育てる活動をやめてしまえば、この犬たちは、保健所で殺されることになってしまう。

有馬《ありま》さんは、こうしてなやみぬいたすえ、もう少しで決まりそうだった外資系《がいしけい》の会社への就職《しゅうしょく》をあきらめました。長野県宮田村《ながのけんみやだむら》の民家《みんか》を借りて犬を育てはじめ、英国聴導犬協会《えいこくちょうどうけんきょうかい》の指導《しどう》のもとに、日本聴導犬《ちょうどうけん》協会を設立《せつりつ》したのです。

日本では、すでに一九八一年（国際障害者年《こくさいしょうがいしゃねん》）から聴導犬《ちょうどうけん》の育成《いくせい》が始められていました。

自分の設立《せつりつ》した協会で、はたしてうまく育てられるのか、協会の運営《うんえい》がうまくいくのか、まったく予想もつきませんでしたが、「何かに背中《せなか》をおされるような気持ち」で始めた仕事でした。

裕子《ひろこ》さんは、この協会のことを聞いて、聴導犬《ちょうどうけん》を育てる仕事も、盲導犬《もうどうけん》と同じく、やりがいがありそうだと感じました。今度こそと思い、家族みんなで長野県《ながのけん》の宮田村《みやだむら》に出かけていきました。

最初に見学したのは、パピー・クラス（子犬のしつけ教室）でした。月に一回、聴導犬《ちょうどうけん》の子犬を育てるボランティア、「ソーシャライザー」が集まり、合同《ごうどう》で子犬の訓練をしていました。

盲導犬《もうどうけん》の場合は、子犬育てのボランティアを「パピー・ウォーカー（子犬といっしょに歩く人）」といいますが、聴導犬《ちょうどうけん》の場合は「ソーシャライザー（人間の社会にあうように育てる人）」といい、呼《よ》び方《かた》がちがいます。補助犬《ほじょけん》の種類によって、犬の育て方も異《こと》なるのです。

パピー・クラスでは、子犬の育て方について講義《こうぎ》があったあと、外で実際《じっさい》の訓練をしていました。

子犬たちは、楽しそうに「おすわり」「ふせ」「待て」などの練習をしていました。ほかの犬となかよくすることを覚えたり、人をこわがらないようにさせるのも、このクラスのねらいです。ソーシャライザーの人たちも、犬といっしょに楽しみながらトレーニングをしています。

わたしも、ソーシャライザーになれるかしら？　あんなに落ちついて、犬の訓練ができるかしら？

裕子《ひろこ》さんは、先輩《せんぱい》のソーシャライザーたちを、まぶしそうに見つめています。

このパピー・クラスから数か月後、裕子《ひろこ》さんはさらに、聴導犬《ちょうどうけん》のデモンストレーションの手伝いにも行ってみました。訓練された犬たちが、聴導犬《ちょうどうけん》の仕事を、大勢《おおぜい》の人の前でやってみせていました。犬たちは、指示《しじ》通り、音を教える仕事を見事《みごと》にこなしています。

すばらしいわ！　わたしもぜひ、聴導犬《ちょうどうけん》になる子犬を育てたい！

調べてみると、ソーシャライザーになる条件《じょうけん》には、次のようなものがありました。

一日三時間以上、犬を一人きりにさせないこと。室内で犬を飼《か》えること。ほかの犬を飼《か》っていないこと。月一回のパピー・クラスに参加できること。協会の方針《ほうしん》に従《したが》えること。人間の子どもを育てるように、あまやかさず、愛情《あいじょう》を持って育てられること。

光彦《てるひこ》さんの手助けさえあれば、なんとかできそうなことばかりです。

「わたしにもソーシャライザーをさせていただけますか」

裕子《ひろこ》さんが、日本聴導犬協会《ちょうどうけん》に申しこむと、今度はすぐに、「ではぜひ、お願いします」という返事をもらえました。こうして、裕子《ひろこ》さんのソーシャライザーとしての奮闘《ふんとう》が始まります。

しかし、子犬たちとの生活は、想像《そうぞう》していたより、ずっと大変なものでした。

日本聴導犬《ちょうどうけん》協会は、聴導犬《ちょうどうけん》への理解《りかい》を深めてもらうため、毎年、日本各地で数多くのデモンストレーションを行っている。

5　ソーシャライザーの仕事とは

ソーシャライザーとは、実際《じっさい》どんな仕事をするのでしょうか。

すてられていた犬たちは、いくら人なつっこい性格《せいかく》の犬が選ばれたとはいえ、どの犬も、人間にひどいことをされたり、おなかをすかせたりした、悲しいできごとを経験《けいけん》しています。

人の足が目の前に来るのをこわがる犬がいます。きっと、ひどくけられたことがあるのでしょう。

こういう場合は、世話をする人が、たとえば足の指の間におやつのチーズをはさんで子犬に食べさせ、「足はこわいものじゃないよ。もうだいじょうぶだよ」と安心させてやります。動物が人から受けた心の傷《きず》を、人がいやしてあげるのです。

ソーシャライザーは、あずかった犬に愛情《あいじょう》をたっぷりあたえ、家族の一員としてかわいがります。人といっしょに暮《く》らしたり、人のために働くことが好きになるよう、協会で本《ほん》格的《かくてき》な聴導犬《ちょうどうけん》の訓練を受ける前に、準備《じゅんび》を整えます。

日本聴導犬《ちょうどうけん》協会の犬の育て方は、「ファン・トレーニング」といって、犬をけっしてしからず、どんどんほめて、ものを覚えさせるやり方です。

ソーシャライザーは、やさしい言葉をかけながら子犬の相手をし、子犬がいいことをしたら、それをほめて、やる気を出させます。人間の一歳《さい》か二歳《さい》の子に話しかけるように、愛情《あいじょう》をこめて接《せっ》します。

犬によってちがいがありますが、教えてやらなければならないことは、たくさんあります。ほえないこと、人に飛びつかないこと、物をかじらないこと、リード（犬をつなぐひも）を引っぱらないこと……。それぞれ、してはいけないことをやめたところで、「グッド！」とおやつをあたえてほめるのです。リコールといって、名前を呼《よ》んだら来るようにさせる練習も、毎日、何度もくりかえします。

また、おしっことウンチは、ねておきたあとや、遊んだり食事をしたあと、犬をペットシーツの上につれていき、「パティ！」という言葉をかけて、そのときにするんだということを、だんだん覚えさせていきます。パティとは英語で、小さい子が使う「おまる」のことです。この言葉をかけるうちに、やがて「パティ！」といえば、犬がトイレをすませてくれるようになります。

犬が人と行動するときは、「つねに人が先で、犬があと」と教えます。ご飯を食べるのも人が先、部屋を出るのも人が先、自動車に乗るのも人が先。

犬を飼《か》うと、つい人は犬をかわいがって、声をかけたり、なでたりしてしまうのですが、いつもかまってばかりいると、犬は相手をしてもらえないとすねるようになってしまいます。そのため、わざと短い時間だけでも、犬を無視《むし》する時間をつくります。かまってやるときは思いきりかまってやります。すると、少しの間待つようにいわれても、犬は安心してじっとしていられるようになります。

こうして人間と生活する上での基本的《きほんてき》なことを教えながら、一日に十五分から二十分ほど、かんたんな訓練をします。

「シット！（おすわり）」「ダウン！（ふせ）」「ウエイト！（待て）」は、おなかがすいているときに、ドッグフードやおやつを使って教えます。子犬が自分でできるまで待ち、できたときにごほうびをあげてほめてやります。

トレーニングは、犬が集中できる短い時間だけ行いますが、楽しい気分で終わらせることも大切です。たとえば、「待て」ができず、「おすわり」だけできたら、「おすわり」をさせて、たっぷりとほめ、そこでトレーニングを終わらせます。こうすると、犬はトレーニングは楽しいものだと思い、また次の日も、喜んで人のいうことをきこうとするようになります。

犬はもともと、人にほめられるのが大好きです。そのうえ相手をする人間が、うまくトレーニングが進むよう、楽しい雰囲気《ふんいき》で覚えられるよう、気をつけています。だからいろいろな訓練も、ゲームのように楽しむことができるのです。

また、犬の健康管理も、ソーシャライザーの大事な仕事です。病気にかかっていないか、おなかの中に虫がいないか、つねによく観察していなくてはなりません。

各家庭で育てられている犬たちは、月に一度は家をはなれ、パピー・クラス（子犬のしつけ教室）に参加します。ここでは、基本的《きほんてき》な訓練が行われますが、ソーシャライザーの方は、犬がいつもとちがった場面に出くわしても、おびえたり、さわいだりしないようにさせる方法などを学びます。

たとえば、松葉杖《まつばづえ》で歩いている人がいても、びっくりしないように、松葉杖《まつばづえ》になれさせる方法を勉強します。ヘルメットをわざとかぶって見せたあと、ヘルメットをとってみせて、こういうものをかぶっている人がいてもだいじょうぶなんだよ、とおどろかないようにさせる方法も習います。

カエルの着ぐるみのぼうしを、かぶってみせることもあります。イベントなどで、着ぐるみを着た人に会うこともあるからです。

そのほかにも、車椅子《くるまいす》、スケートボードなど、いろいろなものにふれさせて、犬が人間の社会にとけこめるようにさせなければなりません。

子犬たちは、こうしてソーシャライザーに育てられ、パピー・クラスに出ながら、とちゅう何度も、「本当に聴導犬《ちょうどうけん》に向いているかどうか」のテストを受けていきます。ここで最後まで残った犬が、いよいよ聴導犬《ちょうどうけん》の訓練を受けることになるのです。

生まれて一年の間に、犬は人間でいえば十七～二十歳《さい》くらいに育ってしまうので、性格《せいかく》もどんどん変わっていきます。どの子犬が、最終的に聴導犬《ちょうどうけん》になれるのかは、まだまだわかりません。

裕子《ひろこ》さんが最初にあずかった犬の名前は、「タカ」といいました。

いったい、どんな犬なのかしら。早くいっしょに暮《く》らしたいわ。

裕子《ひろこ》さんは家族そろって、東京都内にある家から長野県《ながのけん》の協会まで、タカをむかえにいきました。

タカは七、八か月のオスの子犬で、三角の耳がピンと立った、ラブラドールと甲斐犬《かいいぬ》があわさった犬でした。くりっとした目がかわいく、なかなかハンサムな顔をしています。

たくさんの犬と共に保健所に持ちこまれ、処分《しょぶん》されるために麻《あさ》ぶくろに入れられていたタカは、日本聴導犬《ちょうどうけん》協会のそばにある動物管理センターに送られていました。もう少しで殺されるところだったのを、伊那《いな》保健所の職員《しょくいん》がほかの子犬といっしょに協会のスタッフに見せ、聴導犬《ちょうどうけん》の候補犬《こうほけん》に選ばれました。

「はじめまして、タカ！　どうぞよろしくね」

裕子《ひろこ》さんは、いよいよタカと対面します。協会のスタッフから説明を受け、次の日のパピー・クラスにそなえて、タカといっしょに協会に泊《と》まることになりました。

聴導犬《ちょうどうけん》に育てる犬は、外で飼《か》うのではなく、室内でいっしょに生活させます。一日二回の食事と、いいことをしたごほうびに、ドッグフードや犬用につくったおやつをあたえます。将来《しょうらい》、聴導犬《ちょうどうけん》になったとき、レストランで料理をほしがったりしてはこまるので、人と同じものは食べさせません。

協会のスタッフは、裕子《ひろこ》さんたちにこういいました。

「ドッグフードをあたえるときは、タカをケージ（おり）に入れてからにしてくださいね」

ケージに入れるときは、「ハウス！（英語で家の意味）」と声をかけます。協会のスタッフが「ハウス！」というと、タカは、ちょこちょことケージに入りました。

なんだ。これなら、すぐできそう。

協会のスタッフは、用事があってどこかへ出かけてしまいました。裕子《ひろこ》さんたちも、そろそろ食事をとりに外へ出かけなければなりません。タカに夕ご飯もあたえなくてはなりません。

裕子《ひろこ》さんはさっそく、ケージの外に出ているタカに向かって大きな声でいいました。

「タカ！　ハウス！」

しかし、タカは、ぽかんとしています。まるで意味が通じていません。

いったいどうして？　できるはずだったのに。

命令する人がちがうので、タカにはわからないのでしょうか。

「タカ、ハウス！」

「ハウス！」

「ハウスだってばあ！　おうちに入って！」

何度いっても、タカはまわりをうろうろ歩きまわっているだけです。裕子《ひろこ》さんは、夕食に出たくて急いでいます。おなかもぺこぺこです。

何度くりかえしても、タカはケージに入りません。三十分、一時間……、それからいったい、どれだけ時間がかかったことでしょう。二時間近くたって、やっとタカはケージに

裕子《ひろこ》さんが最初にあずかった犬、タカ。

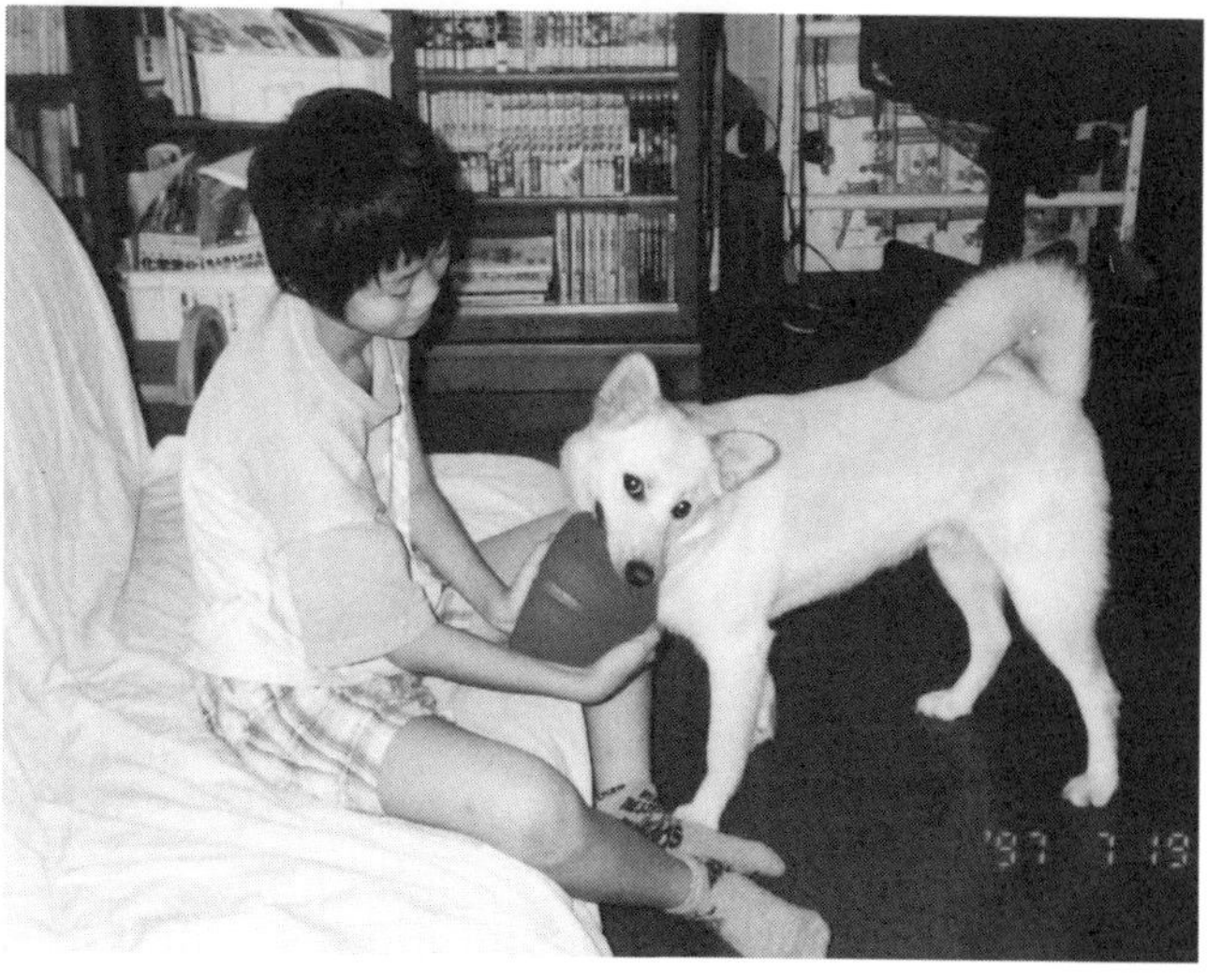

こうじくんと遊ぶタカ。

入りました。

「ああ、やっと、入った」

裕子《ひろこ》さんは、ぐったりつかれ、もうその場にすわりこみたいような気分です。

そばで見守っていた家族たちも、すっかり待ちくたびれています。最初から、こんなふうでだいじょうぶなのでしょうか。家につれてかえって、どんな毎日が始まるのでしょう。

じつはタカは、小さいとき人にいじめられて育ったので、見知らぬ人のことを、すぐには信じられなかったのでした。タカは、その後も、「やんちゃぶり」を発揮《はっき》します。

6　子犬育てが始まった

裕子《ひろこ》さんの家は、都内にある一戸建《いっこだ》てです。裕子《ひろこ》さんは、犬を安全に育てられるよう、室内のドアには赤ちゃんを育てるときに使う木の柵《さく》をつけ、庭にはフェンスをはりめぐらせ、準備《じゅんび》を整えていました。

タカを家につれてかえると、さらに大変なことになりました。床《ゆか》に置いてある物が、全部タカのおもちゃになりました。スリッパ、玄関《げんかん》のくつ、ごみ箱のごみ、机《つくえ》の上の物、なんでもうれしそうにくわえてきます。

「オフ！　オフ！（くわえたものをはなして！）」

そのころは、ファン・トレーニング、という、しからずにほめる育て方が、ソーシャライザーに指導《しどう》されていませんでした。裕子《ひろこ》さんと、ゆみちゃん、こうじくんは、「オフ！

オフ！」とさけんでは、大さわぎをしてタカの遊びをやめさせようとします。でもタカは、ますます調子《ちょうし》にのって、悪さをするばかり。

「だめだっていってるのに！　どうして、いうことをきいてくれないの？」

じつはタカは、自分が物を持ってくると、みんながさわぐので、喜んでくれているとかんちがいしてしまったのでした。本当は、いたずらをするタカのことは無視《むし》して、かまわないようにすれば、タカも物をくわえてくるのを自然にやめたのです。

今の裕子《ひろこ》さんなら、くわえた物をとりあげるときは、おもちゃと交換《こうかん》させます。椅子《いす》などをかんでしまうときは、そこに、犬がいやがるにおいの薬や、竹酢液《ちくさくえき》などをぬって、犬が近づかないようにさせます。まだそんなやり方も知らないころの、最初の子犬でした。

しかたなく、裕子《ひろこ》さんは毎日家をきちんとかたづけて、床《ゆか》に物を置かないようにしました。おかげで、家の中はいつも整理整頓《せいりせいとん》されてピカピカ。そうじもはかどって、思わぬ一石二鳥《いっせきにちょう》でした。

また、タカは散歩するとき、リード（犬をつなぐひも）を、ぐいぐい引っぱって歩くくせもありました。しかし、実際《じっさい》、聴導犬《ちょうどうけん》になった場合、この歩き方はよくありません。ユーザー（使用者）の持つハンディキャップによっては、立っているときの平衡感覚《へいこうかんかく》が悪く、バランスをくずしてしまう場合があるからです。リードを引っぱってはいけないことも、根気《こんき》強く教えます。

こうじくんは、友だちの家の犬とタカをくらべて、裕子《ひろこ》さんにこういいました。

「ほかの家の犬は、ソファーに飛びのったり、人間のご飯の残りを食べたり、好きなことをして暮《く》らしているよ。タカだけ、どうしてちがうの？　したいことをさせてあげられなくて、かわいそうじゃないか」

でも、裕子《ひろこ》さんは子どもたちに、きちんと説明しました。

「あまやかすことと、かわいがることはちがうわ。タカは、ふつうの犬ではなく、協会からおあずかりしている犬よ。耳の不自由な人のためにりっぱな聴導犬《ちょうどうけん》になれるよう、育てなければならないのよ」

裕子《ひろこ》さんのきっぱりした態度《たいど》を見て、子どもたちも、聴導犬《ちょうどうけん》の子犬育ては、ふつうの子犬育てとはちがうのだと、だんだん理解《りかい》してくれるようになりました。

裕子《ひろこ》さんは、いろいろ失敗をくりかえしながらも、タカを心をこめて育てます。そして数か月後、ほかの子犬と交換《こうかん》し、タカを無事《ぶじ》に協会へ返すことができました。

その後、大人になったタカは、気が強いことがわかり、聴導犬《ちょうどうけん》にはなりませんでした。けれども協会のデモンストレーション犬（イベントなどで、一般《いっぱん》の人の前で聴導犬《ちょうどうけん》の仕事をやってみせる犬）としてりっぱに活躍《かつやく》しました。


ソーシャライザーは、育てる子犬を、数か月ごとにほかのソーシャライザーととりかえます。これは、さまざまな環境《かんきょう》で育つようにさせるためです。

タカの次にあずかった犬は、ミキというメスの犬でした。とてもかしこく、あれこれ自分なりに工夫《くふう》をかさねる、すばしっこい犬です。

裕子《ひろこ》さんの家では、ソーシャライザーを始める少し前からハムスターを飼《か》っていました。夫の光彦《てるひこ》さんが、長野《ながの》の仕事先からもらってきたのです。最初に飼《か》ったのは「きなこ」と「おはぎ」の二匹《ひき》。その後、息子《むすこ》のこうじくんが、「どうしても、もう一匹《ぴき》ほしい」といって、「しらたま」というハムスターも飼《か》いました。

すると、子犬のミキは、このハムスターたちをどうしたら近くで見られるか、知恵《ちえ》をしぼって考えました。

まず、タタタッと、勢《いきお》いをつけてキャスターつきの椅子《いす》に飛びのり、椅子《いす》を乗り物がわりにします。そして自分の乗った椅子《いす》が、ハムスターのいる机《つくえ》の横をすうっと通りすぎるチャンスをねらって、机《つくえ》の上に飛びうつろうとするのです。

「ミキ！　ノー！　ノー！」

それでもやめません。ゆみちゃんやこうじくんたちが使っていた子ども用のふみ台をくわえてきて、それに乗ってあがろうとしたり、ありとあらゆる方法を試《ため》して、ハムスターを見ようとします。

ミキは、裕子《ひろこ》さんたち家族のようすを、とてもよく観察していました。ドアレバーを足で下げて引っぱってあけたり、窓《まど》ガラスを鼻であけたり、ほんのちょっとの間も目がはなせません。

「あー、もう、なんて手のかかる犬なのかしら」

出かけるときは、家の中をきちんとかたづけておかないと、帰ったときには、物が散らばってぐちゃぐちゃです。でもそれをおこると、ミキは「しゅん」とした顔になり、思わず、「よしよし」となぐさめたくなるほどかわいいのです。

ミキはこうして数か月間、裕子《ひろこ》さんの家にいました。しかし、その後は聴導犬《ちょうどうけん》にはならず、ふつうの家庭犬になりました。

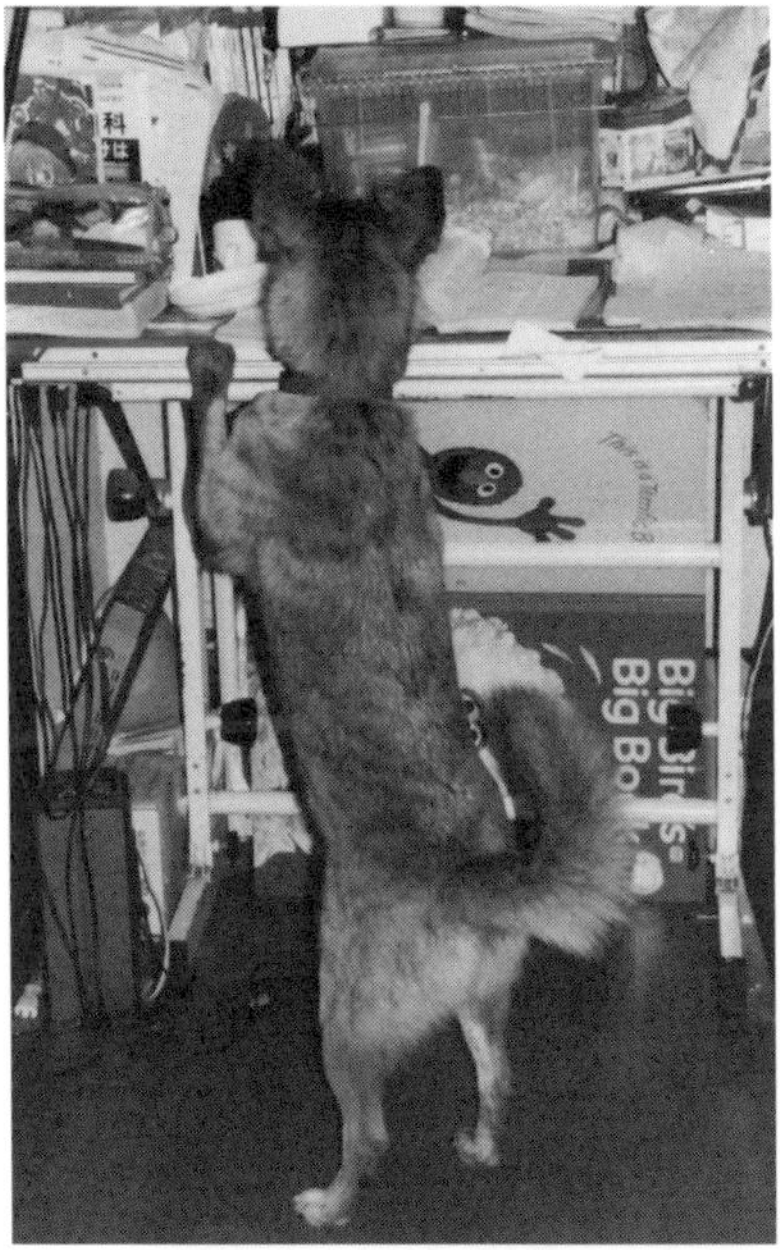

机《つくえ》の上のハムスターを見ようと体をのばすミキ。

公園で遊ぶミキとゆみちゃん。

三番目にあずかったのはケンタという犬です。北海道犬《ほっかいどうけん》の雑種《ざっしゅ》です。

ケンタは母犬や兄弟たちといっしょにすてられ、ノミやダニだらけでした。おなかの中には回虫《かいちゅう》がいっぱいいいて、もう少しで貧血《ひんけつ》で死ぬところだったのを助けられました。いつも、にこっと笑ったような顔をしています。

なぜか作業着《さぎょうぎ》を着た人をこわがるので、協会のスタッフは作業着《さぎょうぎ》を着た男性《だんせい》を見つけ、ごほうびのおやつをあたえてもらってなれさせました。きっと作業着《さぎょうぎ》を着た人にいじめられたことがあるのでしょう。

裕子《ひろこ》さんの家にやってくると、ちょっと首をかしげ、真っ黒のつぶらな瞳《ひとみ》でみんなを見あげています。しかし、散歩で外に出てみると、やはり男の人や子どもに出会ったとたん、こわがってしりごみしました。

どんな人にもなれさせるため、協会の指導《しどう》通りに、裕子《ひろこ》さんは、いつも行く公園で小学生の女の子たちに手助けをたのみました。ケンタがそばによってきたら、ごほうびにドッ

裕子《ひろこ》さんの家にきたケンタ。

ケンタと大澤《おおさわ》さん一家。左から光彦《てるひこ》さん、裕子《ひろこ》さん、こうじくん、ゆみちゃん。

グフードを食べさせてもらいました。わざと人ごみの中につれていくトレーニングも行いました。

そして、ちょうどこのとき、あのハナがアークで撮影《さつえい》されたテレビ番組に、裕子《ひろこ》さんとケンタが出る話が持ちあがりました。

裕子《ひろこ》さんとケンタは、町中を散歩するシーンなどを撮影《さつえい》されました。じつは、裕子《ひろこ》さんも、これが生まれてはじめてのテレビ出演《しゅつえん》です。ケンタ以上に緊張《きんちょう》して、ガチガチになりました。

こうして、ケンタは、しだいに人にもなれていきました。不安そうだったケンタの瞳《ひとみ》が、少しずつ輝《かがや》きだしました。

ある日、裕子《ひろこ》さんが外から帰ってみると、こうじくんが、ため息をつきながら、裕子《ひろこ》さんをふりかえります。

「お帰りなさい。大変だよ！」

見ると、床一面《ゆかいちめん》、雪が積もったように真っ白になっているではありませんか。人がいない間、九個《こ》のトイレットペーパーを、投げたり、引っぱったりして、夢中《むちゅう》で遊んでいたのでしょう。ビリビリにされてしまったトイレットペーパーが、部屋中に散らばっています。興奮《こうふん》のあまり、おしっこまでかけています。

「あらら〜。ケンタったら、やってくれたわね〜」

でもその日から、ケンタはびくびくしなくなり、のびのびと元気いっぱい行動するようになりました。いけないことをしてもたたかれたりせず、無視《むし》されるだけだとわかり、やっと裕子《ひろこ》さんを信じられるようになったのです。

ケンタは、その後タカと同じく、協会のデモンストレーション犬になりました。

7　ハナが家にやってくる

裕子《ひろこ》さんはケンタのあとに、「ヒロ」という子犬をあずかりました。長くすて犬として暮《く》らしていたため、あっちへふらふら、こっちへふらふら、放浪癖《ほうろうへき》のある犬でしたが、裕《ひ》子《こ》さんはかわいがって育てました。ヒロはその後、家の中だけで耳の不自由な人に音を教える「お手伝いペット犬」になりました。

そして、このヒロの子犬育てが終わりにさしかかり、裕子《ひろこ》さんがヒロを長野県《ながのけん》のパピー・クラスにつれていったときのことです。協会のスタッフに、

「今度は、ヒロのかわりにハナを六か月くらいお願いできますか?」

といわれたのでした。

あのテレビに出ていた犬が、いよいようちに来るんだ。それも六か月もあずかることが

おとなしいヒロをつれて、裕子《ひろこ》さんはいろいろな場所に行った。箱崎《はこざき》のシティエアターミナルにもヒロをつれていった。

店長さんに事情《じじょう》を話して、ヒロをファーストフードの店に入れてもらったこともある。

できるんだ。

裕子《ひろこ》さんは、はずんだ気持ちでハナを家につれてかえりました。あずかる子犬は、これで五頭目。少し余裕《よゆう》も出てきました。今度もきっとうまくいくにちがいありません。

もう九か月になっていたハナは、耳もピンと立ち、顔も首も長くなっていました。ハナは大型犬なので、ほかの子犬よりずっと大きな図体《ずうたい》をしています。

歩くときは、まるで馬のようにパカパカと体を上下させています。いえ、うす茶色の体なので、まるでラクダのよう、といった方がいいでしょうか。うれしいときは、前足でパタンパタンと足ぶみします。はっとすると、耳をピンと立て、うれしいときは、しっぽをくるんとふります。

写真にとると、ちょっとまのびした顔が、とってもユーモラス。

「なんだか、へんな顔！」

家族みんなで、思わず笑ってしまったくらいでした。

そしてハナも、ほかの子犬と同じく、さっそくいたずらをしでかしてくれました。トイレトレーニングは、すでに前のソーシャライザー宅《たく》ですんでいましたが、ふとんの上に、ジャーッとおしっこをかけたのです。

これは、家の中にあるほかの犬のにおいを消すためですが、犬をあずかるたびに家の中におしっこをされる裕子《ひろこ》さんも、毎回、あとしまつが大変です。

裕子《ひろこ》さんはいつも、子犬をあずかってから十日間くらいは、犬を一人ぼっちにさせないようにしていました。その間に、犬がどんな性格《せいかく》なのか、何がきらいなのか、何をこわがるのか、どんなことに興奮《こうふん》するのか、観察して調べるのです。この最初の十日間がすぎたら、留守番《るすばん》の時間を、だんだん長くしていきます。

それは、ようやくハナが、二、三時間、留守番《るすばん》するようになった日のことでした。

お客さんが来て、いっしょに夕食を食べにいくことになりました。食事を終えて帰ってくると、ハナはいつもより喜んで、しっぽをブンブンふっています。

部屋に入っても、別におかしなところはありません。何か食べたようすもありません。でも、何かいつもとようすがちがいます。

そのころ飼《か》っていたハムスターは、「ボウ」という名前でした。机《つくえ》の上には、そのボウのプラスティックのおりが置いてありました。でも、そのおりの中の、木でできたジャングルジムが見あたりません。

「あら、ジャングルジムは？」

やがて部屋のすみから発見されたジャングルジムは、もはや見るかげもありませんでした。ハナは、おりのふたをあけ、中からジャングルジムを引っぱりだし、かじって遊んでいたのです。息子《むすこ》のこうじくんが、いいました。

「きっと、ハナはさみしくて、ボウちゃんをさそったのかもしれないね」

ハナはボウに、一日一回あいさつをしていました。大きな前足に乗せ、自分のにおいをかがせます。ペロッとボウをなめてやることもあります。もちろんバクッとかんでしまう

子犬のハナ。大型犬なので、子犬でもほかの犬よりずっと大きかった。

ゆみちゃんと遊ぶハナ。

ことなど絶対《ぜったい》にありません。それで今日も、ボウと遊ぼうと思い、きっとおりに近づいていったのでしょう。

ハナが興味《きょうみ》を持っているのは、ハムスターだけではありませんでした。猫《ねこ》のことも、気になってしかたがありません。散歩をしていて猫《ねこ》が目に入ると、いてもたってもいられず、追いかけていきます。いつも猫《ねこ》が外に来ないか、窓《まど》の外を見はっています。

ハナは裕子《ひろこ》さんの家に来る前に、すでに聴導犬《ちょうどうけん》になる子犬として基本的《きほんてき》なことはできるようになっていました。「おすわり」はとっくの昔に覚えています。そこで裕子《ひろこ》さんは、「ふせ」「待て」を練習させ、だんだんその時間を長くするようにさせました。

広場で遠くから「ハナ!」と名前を呼《よ》んで呼《よ》びもどす、「リコール」という訓練もしました。でも、ハナは、あっちへパカパカ、こっちへパカパカ、なかなかちゃんともどってきてくれません。

こうして裕子《ひろこ》さんは、熱心にハナの訓練を続けていましたが、あずかって二か月ほどたったある日のことです。その日もハナをつれて、近所の空き地に行きました。ここでいつもハナを走らせたり、近所のなかよしの犬たちと遊ばせたりしていました。

ところがそこで、ハナがついウンチをしてしまいました。「あら、まあ」。裕子《ひろこ》さんはそれをとろうと腰《こし》をかがめます。左手でハナをつないだリードを持っていました。以前から「リードは指にかけないでください」と協会に指導《しどう》されていましたが、リードが、ぐうぜん指にからまっていました。

「あっ！」

おそらく猫《ねこ》がいたのでしょう。とつぜん、ハナが勢《いきお》いよくかけだしました。大型犬なので、子犬といえども、すごい勢《いきお》いです。

「ハナ！」

名前を呼《よ》んで、持っていた左手でリードをぎゅっと引っぱりました。すると、ボキッ。

小さな音がしました。

「い、いたい……」

左の指に、じんと痛《いた》みが走りました。リードをおそるおそる右手に持ちかえ、左手をよく見てみると、薬指が中指によりかかったまま元にもどりません。

もしかして、骨《ほね》が折れたのかしら？

散歩もとちゅうでやめ、裕子《ひろこ》さんはハナをつれ、いそいで家にもどります。

あわてて救急病院に出かけました。レントゲンをとってもらうと、左の薬指が骨折《こっせつ》していました。裕子《ひろこ》さんは、目の前が真っ暗になります。

骨折《こっせつ》？　ちゃんと治《なお》るの？　いったい、いつまでかかるの？

手術《しゅじゅつ》を受けました。手の指をワイヤーでとめ、包帯《ほうたい》をしていなければなりません。

日本聴導犬協会《ちょうどうけん》にも、もちろんすぐ連絡《れんらく》しました。

「左の指を骨折《こっせつ》しました。前から注意してくださっていたように、リードの持ち方が悪かったんです」

こんな状態《じょうたい》では、もうハナをあずかりつづけることはできません。次の週、長野県《ながのけん》のパピー・クラスで、泣く泣くハナを協会に返すことになってしまいました。

六か月いっしょにいられるはずだったのに、わずか二か月で手放すなんて！　それも自分の不注意で！

裕子《ひろこ》さんは、残念《ざんねん》でしかたがありません。

パピー・クラスでは、いつもとちがって、ハナの相手をしませんでした。もう自分とは別れ別れになるからです。裕子《ひろこ》さんがほかの犬に向かって、「おいで！」と呼《よ》ぶと、ハナは自分が来ようとします。

どうして？　どうして？　あなたがわたしの飼《か》い主《ぬし》じゃないの？

と、目で問いかけてきます。

ごめんね、ハナ。わたしのせいでこんなことになって。

裕子《ひろこ》さんは、心の中で何度もあやまりました。しかし、ハナのことは無視《むし》してほかの犬の相手をしなければなりません。

それでも、自分を追ってくるハナ。協会のスタッフにつれられ、ふりかえり、ふりかえり、目の前を去っていくハナ。

いつも犬とさよならするときは、「これもソーシャライザーの仕事だから、しかたがないんだ」とわりきっています。しかし、このときのハナとの別れはちがいました。

こんなに早く返したくなかった。なんにも世話らしいことをしてやれなかった。もう二度と、ハナといっしょに暮《く》らせないのかしら。

その後、裕子《ひろこ》さんは毎日毎日、ハナのことばかり考えてすごしました。

今ごろ、どこでどうしているのかしら。そろそろ聴導犬《ちょうどうけん》になる訓練も始まっているころかしら……。

8　天国に行ったサワちゃん

そしてようやくケガが治《なお》ると、裕子《ひろこ》さんはまた別の犬をあずかることになりました。

もう一回ハナをあずかることはできませんでしたが、それでもまた子犬が家に来るのはうれしいものです。裕子《ひろこ》さんは、リードをしっかり持つようにし、また失敗しないよう気をつけながら、何頭かの子犬を育てました。

そして、「サワ」という犬をあずかったときのことです。そのときは、ほかに「ナナ」という犬もいて、いっしょに二頭育てていました。

サワは、裕子《ひろこ》さんの家に来る前の、生後三か月から七か月くらいまでの間、長野県駒ケ根市《ながのけんこまがねし》にある小学校にあずけられていました。たくさんの人になれさせるため、協会では、ソーシャライザーだけでなく、このように数か月間、子犬を小学校にあずける場合があります。

小学生たちは、犬をただかわいがるわけではありません。将来《しょうらい》、聴導犬《ちょうどうけん》になれるようにと願って、協会から教わった約束ごとを守りながら、ソーシャライザーと同じように、きちんと犬の世話をします。

毎日の犬の当番を決めます。たくさんの子が背中《せなか》をなでたりすると、犬がつかれてしまうので、当番の子二名だけが相手をし、世話をするほかに、名前を呼《よ》ぶリコールや、おすわりなどの訓練も行います。

授業中《じゅぎょうちゅう》は、犬を無視《むし》してかまってやりません。給食のときも、知らんぷりをして、子どもたちだけがお昼ご飯を食べます。そのかわり、休み時間には、思いきり遊んでやります。人の生活に犬があわせられるよう、ルールを守って育てるのです。犬が教室におしっこやウンチをしてしまっても、大さわぎをせず、すぐにかたづけます。犬が失敗したのにさわぎたてると、喜んでいるとかんちがいされてしまうからです。

にぎやかな小学校から、とつぜん裕子《ひろこ》さんの家にやってきたサワは、静かな家がさみしいのか、まる二日間くらい、ちっともなついてくれませんでした。ずっと玄関《げんかん》にすわっていることもありました。

でも、何日かするうちにしだいにうちとけ、やっとのびのびと暮《く》らすようになってきました。とても元気な犬で、健康には何も問題がなさそうでした。

裕子《ひろこ》さんの家での生活も、無事《ぶじ》終わりにさしかかります。あと数日で、協会のスタッフが東京までサワをむかえにくるという、まさにその日のことでした。

夕ご飯をあたえようとすると、サワがとつぜん、ゲッとはいたのです。

どうしたんだろう。おなかの調子《ちょうし》でも悪いのかしら。

裕子《ひろこ》さんは、食事をあたえるのはやめ、水だけ飲ませました。それでも、サワはぐったりして動かなくなり、かなり具合《ぐあい》が悪そうです。

もう夜なので、動物病院はしまっています。明日の朝、病院につれていこう。裕子《ひろこ》さんは、そう決めて、見守ることにしました。でも、夜中にも二回、はきました。

だいじょうぶかしら。ずいぶんつらそうだわ。

裕子《ひろこ》さんは、自分のことのように心配になって、夜もねむれません。

朝になると、また水だけあたえ、サワをだいてタクシーに飛びのり、協会指定《してい》の動物病院に向かいました。

「先生！　この子が何度もはいて大変なんです。だいじょうぶでしょうか」

サワはじっと診察台《しんさつだい》の上に横たわり、苦しそうな息をはいています。

獣医《じゅうい》さんは、一目見て、サワの具合《ぐあい》がかなり悪いのに気づきました。さまざまな検査《けんさ》をしても、獣医《じゅうい》さんは固い表情《ひょうじょう》のままです。しかし、日本聴導犬《ちょうどうけん》協会の犬をいつもみてくれている担当《たんとう》の先生は、午後でないと病院に来ないというのです。

「このままおあずかりして、担当《たんとう》の先生がいらしたら、すぐにみていただくことにしましょう」

子犬のころのサワ（左）とその兄弟。後ろにいるのは親犬。

裕子《ひろこ》さんの家に来たばかりのころ、サワはよくこうして玄関《げんかん》にすわっていた。

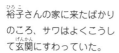

裕子《ひろこ》さんは、サワを病院にあずけ、いったん家にもどりました。なにしろ、家にはもう一頭のナナもいます。ずっと放っておくわけにもいきません。

午後になると、担当《たんとう》の先生から、やっと電話がかかりました。

「すぐに手術《しゅじゅつ》をします。腎臓《じんぞう》にバイキンが入って、うんではれてしまっています」

「どうぞ、よろしくお願いします」

裕子《ひろこ》さんは、受話器を持ったまま、深く頭を下げました。

しばらくして、手術《しゅじゅつ》が終わると、また電話が入りました。片方《かたほう》の腎臓《じんぞう》を摘出《てきしゅつ》したそうです。先生は、あらゆる手段《しゅだん》をつくしたといいました。

サワ、がんばってね。どうか早く治《なお》りますように。

裕子《ひろこ》さんは、祈《いの》りつづけます。

サワも、がんばりました。病気と、せいいっぱい戦いました。

しかし、なんということでしょう。容体《ようだい》はどんどん悪くなっていきました。とうとうその日の夜おそく、サワは、亡《な》くなってしまったのです。

お医者さんから、「残念《ざんねん》でした」という電話が入ったとき、裕子《ひろこ》さんの胸《むね》は、引きさかれたように痛《いた》みました。

「サワ！　サワちゃーん！　ああ……。どうしてこんなことに……」

裕子《ひろこ》さんは一晩中《ひとばんじゅう》、泣きあかしました。

前に避妊手術《ひにんしゅじゅつ》を受けたとき、バイキンが入ってしまった可能性《かのうせい》もありましたが、はっきりとした原因《げんいん》は、わかりませんでした。でも、裕子《ひろこ》さんは、何か自分が悪かったのではないかと、くやまれてしかたがありませんでした。

きのう、留守《るす》にしたときに、何か悪いものを口に入れたんじゃないかしら。世話の仕方がいけなかったのかしら。動物病院によっては、夜中もみてくれるところもあるのに、どうしてもっと早く病院につれていってあげなかったんだろう。第一、協会からあずかった大事な子犬を、自分のところで死なせてしまうなんて、ソーシャライザーとして失格《しっかく》だわ。

翌朝《よくあさ》、協会に電話をすると、会長の有馬《ありま》さんが、

「大澤《おおさわ》さんのせいではありませんからね。サワちゃんの寿命《じゅみょう》だったんです」

といってくれたので、どれだけ救われたことでしょう。有馬《ありま》さんや協会のスタッフが東京へやってきて、病院から、サワのなきがらを長野《ながの》へつれてかえりました。

以前、世話をしてくれた小学校の生徒たちも、サワの死をとても悲しみました。生徒たちが持ってきたたくさんの花にうもれ、サワは火葬《かそう》されました。協会でのお葬式《そうしき》にも、大《おお》勢子《ぜい》どもたちが参列《さんれつ》してくれました。サワの骨《こつ》つぼのとなりには、みんなで心をこめて書いた寄《よ》せ書《が》きがかざられました。

ふつうなら、こんなにつらい目にあえば、

「もうソーシャライザーなんか、やめてしまおう。こんなつらくて責任《せきにん》の重い仕事は無理だ」

と投げだしてしまうところかもしれません。

でも裕子《ひろこ》さんは、そうは思いませんでした。自分が小さいときから願って、やっとやりはじめた仕事です。

つらくたって、悲しくたって、歯をくいしばって続けていくんだ。

こうして裕子《ひろこ》さんは、もう一頭残ったナナを育てることに、ひたすら打ちこんでいきました。

サワと同じころ裕子《ひろこ》さんの家にいたナナ。

9　いよいよ聴導犬《ちょうどうけん》の訓練だ

さてそのころ、裕子《ひろこ》さんの家から協会にもどったハナは、いったいどこで何をしていたのでしょうか。

まだ子犬だったハナは、裕子《ひろこ》さんのかわりにほかのソーシャライザーの家に引きとられ、育ててもらっていました。

一歳《さい》になったころ、いよいよ協会に行き、聴導犬《ちょうどうけん》としての訓練を始められるかどうか、テストを受けることになりました。

聴導犬《ちょうどうけん》の訓練とは、いったいどんな内容《ないよう》なのでしょう。

約四か月にわたる協会での聴導犬《ちょうどうけん》訓練は、犬が十か月から一歳《さい》になったころにスタートします。訓練の内容《ないよう》は、基礎《きそ》訓練、音の訓練、ユーザー（使用者）との合同《ごうどう》訓練、公的《こうてき》な場所へ行ったり電車やバスに乗ったりする訓練、の四つに分けられます。

最初の基礎《きそ》訓練では、それぞれの犬の性格《せいかく》やクセをふまえたうえで、日常《にちじょう》生活上のしつけを引きつづき行います。

呼《よ》んだらそばに来るように訓練します。トイレは、号令《ごうれい》をあたえられたときに決められた場所ですませられるようにしつけます。リードを引っぱらないようにさせることも大事です。

ユーザーにつねに注目して、人間の生活にあわせられるようにさせることも大切です。状況《じょうきょう》にあわせて、部屋や自動車に入ることができるようにさせます。

どの訓練も、耳の不自由な人は言葉で指示《しじ》ができない場合があるので、手の合図でもできるようにさせていきます。たとえば、「ふせ」のときは、命令する人が右手をななめ下にまっすぐのばします。「おすわり」のときは、右のひじを曲げ、指をのばして手のひらは上に向けます。「待て」のときは、手のひらを犬の方に向けて、おしとどめる動作《どうさ》をします。

聴導犬《ちょうどうけん》として仕事をするためには、食べ物や、ほかの動物に気をとられないようにすることも大切です。人が食事をしているときは、「アンダー」と命令して、テーブルの下でじっと待っているようにしつけます。ドッグフードをあたえるとき、一分間そのままじっと待たせる練習もします。

また、協会の中だけでなく、屋外《おくがい》でも訓練を行います。スーパーマーケットや、レストランなど、いろいろな場所に犬をつれていって、どんな場所でもいつも通りにできるようにさせるためです。

聴導犬《ちょうどうけん》は、あらゆるタイプの人間になれていて、人といっしょに楽しくすごせることが大事ですが、この訓練には、協会のすぐそばにある小学校の子どもたちが協力してくれています。小学生たちは時間があると、「こんにちは！」と元気よく協会にやってきて、犬たちと遊んだり、毛をブラッシングしたりしています。

大人とちがって子どもは動きがはげしく、とつぜん犬に何かをしたりするので、犬の方も子どもを見ると、いやがることがあります。でも、この小学校の子どもたちのおかげで、協会の犬たちは、子どもにもすっかりなれています。

ハナは、大きくなってイベントで小学生の相手をしたとき、そっと自分からふせの姿勢《しせい》をとりました。小さな子どもたちが、自分にさわりやすくしてあげたのです。もともとハナはよく気がつく犬ですが、前に小学生たちと接《せっ》したことが、きっと役立ったのでしょう。


そして基礎《きそ》訓練のようすを見て、音の訓練が始まります。

犬が一つのことに集中できるのは、わずか十五分くらいの間なので、音の訓練は最初は一回一分から始めます。

基礎《きそ》訓練もそうですが、訓練といっても、日本聴導犬《ちょうどうけん》協会の育て方は、「ファン・トレーニング」なので、犬をしかって教えることはありません。

たとえば、玄関《げんかん》のインターホンの音を教える場合は、こんな順序《じゅんじょ》です。

ピンポン！　音がしたら犬の耳はピクンと動きます。

音に反応《はんのう》しただけで、訓練士《くんれんし》は、うれしそうに手をたたいたり、犬の背中《せなか》をなでたりして、「グッド、グッド！」とほめちぎります。

音に興味《きょうみ》を持てたらしめたもの。次は、音が鳴ったら、前足で人にポンとタッチして知らせるようにさせていきます。犬がほえて教えても、耳の不自由な人にはわからないからです。

さらに、訓練士《くんれんし》は、犬がタッチしてきたら、「なになに？」と、両手をひろげて聞くしぐさをします。そして、インターホンのある玄関《げんかん》まで、犬が人の前を歩いて案内できるよう、何度も練習させます。

犬に言葉で教えることはできません。ですから、犬がぐうぜんうまくできたら、すぐに

インターホンの音を教えているところ。犬をどんどんほめる「ファン・トレーニング」で、ねばり強く訓練する。

両手を上にひろげるのは、犬に「なぁに?」とたずねるポーズ。

ほめ、「ああ、こうやればいいんだ」と犬が覚えるように、ねばり強く訓練するのでした。ユーザーによって、犬が覚えなければならない音がちがうので、訓練のとちゅうで「マッチング」という、将来飼《しょうらいか》い主《ぬし》になるかもしれないユーザーと犬との、お見合いをさせます。

聴導犬《ちょうどうけん》のユーザーになりたい人は、まず協会に申しこむのですが、いくつか条件《じょうけん》があります。

聴覚障害《ちょうかくしょうがい》を持っていて十八歳《さい》以上であること。日中、手助けしてくれる人がそばにいないため、聴導犬《ちょうどうけん》の助けがどうしても必要なこと。犬といっしょの訓練ができること。犬の医療費《いりょうひ》や食費《しょくひ》などを支払《しはら》う経済的《けいざいてき》な余裕《よゆう》があり、自分できちんと犬の世話ができること、などです。

このユーザー希望者と犬の相性《あいしょう》がいいかどうかは、協会のスタッフが判断《はんだん》します。ユーザーがその犬を気に入ることも大切ですが、それ以上に、ユーザーがその聴導犬《ちょうどうけん》を上手にコントロールできるかどうかを見ます。おたがいの相性《あいしょう》があい、そのうえで候補《こうほ》の犬もそのユーザーを気に入れば、合格《ごうかく》です。

おたがいの相性《あいしょう》が悪いのに、無理にペアを組ませても、絶対《ぜったい》にうまくいくはずはありません。ユーザーと犬は、ずっと協力しながらいっしょに暮《く》らしていかなくてはならないのですから。

このマッチングがうまくいったら、次に、そのユーザーにどんな音を知らせる必要があるのか調べます。たとえば、お料理のときのタイマーの音やファックスの音を、ユーザーが教えてもらいたいと希望すれば、その音を犬に訓練します。

人によっては、携帯《けいたい》電話に入ったメールの受信音や、冷蔵庫《れいぞうこ》があきっぱなしでピーピー鳴っている音を教えてもらいたいこともあります。

赤ちゃんの泣き声を教えてほしいお母さんのユーザーもいます。この場合は、そうじ機をかけたりしてうるさくしていても、ちゃんと聞きつけて、赤ちゃんのところ（練習のときは人形）までつれていくように訓練しなくてはなりません。

基礎《きそ》訓練と、ユーザーに必要な音の訓練が終わったところで、ユーザーが協会に泊《と》まりこみ、人と犬がいっしょになって、約二週間の合同《ごうどう》訓練を行います。ユーザーは、犬の世話の仕方や、健康管理の方法、犬に音を教えてもらう方法、ほめ方のタイミングなどを勉強します。

ユーザーと犬が、いっしょに電車に乗ったり、スーパーマーケットや郵便局《ゆうびんきょく》などに出かけたりする訓練も行います。

耳の不自由な人は、声で命令できない人もいるので、人と犬は、アイ・コンタクトといって、目と目で心を通わせることが重要になります。また最終的には、人の命令がなくても、犬が自分で考えて音を教えるようにならなければなりません。

ユーザーはここで、ただ犬の飼《か》い主《ぬし》となるのではなく、犬に尊敬《そんけい》され、「主人」として

銀行での順番待ちの訓練。受付の人にあらかじめベルをわたし、順番が来たらそれを鳴らしてもらう。

スーパーマーケットの店頭での訓練。

みとめられることが大切です。

犬は群《む》れの中で生活していた動物なので、相手との上下関係にとても敏感《びんかん》です。好きな人間とはなかよくしますが、相手を尊敬《そんけい》していないと、その人の命令までは聞きません。犬が人を尊敬《そんけい》し、人が犬を心から自分の人生のパートナーとしてかわいがることができて、はじめてその人の聴導犬《ちょうどうけん》となることが決まります。

協会での訓練が終わったら、スタッフが出向いて、ユーザーの自宅《じたく》で五日間連続の実習をします。その後も、三か月以上の間、スタッフが定期的に家を訪《おとず》れ、うまくいっているかどうかチェックします。

こうして、すべての訓練がきちんとできたところで、やっと聴導犬《ちょうどうけん》の認定《にんてい》試験が行われます。認定《にんてい》試験は、厚生労働大臣《こうせいろうどうだいじん》が指定《してい》した団体《だんたい》が行いますが、日本聴導犬《ちょうどうけん》協会もその指《し》定《てい》された団体《だんたい》の一つです。

ユーザーが犬の世話をしっかりとできているか。犬が聴導犬《ちょうどうけん》としての仕事をきちんとこなせるか。電車やスーパーマーケットなど、公共《こうきょう》の場所にいっしょに出かけても問題がないか。さまざまなチェックをして、無事合格《ぶじごうかく》すれば、国の認定証《にんていしょう》が発行されます。

ですが、その後、聴導犬《ちょうどうけん》としての暮《く》らしが始まってからも、何か問題がないかどうか、協会のスタッフはひんぱんにユーザーの家を訪《おとず》れてたしかめ、問題があればお手伝いをしています。

盲導犬《もうどうけん》や介助犬《かいじょけん》とちがい、聴導犬《ちょうどうけん》の場合は、犬がきちんと働いているかどうか、ユーザーは、自分で全部チェックすることができません。

盲導犬《もうどうけん》が物をよけて歩かなかったり、介助犬《かいじょけん》が落ちた物をひろいあげてくれなかったら、ユーザーはすぐに気がつきます。しかし、もし玄関《げんかん》のインターホンの音を犬が教えてくれなくても、耳の不自由な人にはわかりません。たまに犬が音を教えれば、ちゃんと働いてくれているとかんちがいしてしまいます。

そこで、聴導犬《ちょうどうけん》の場合は、犬を貸《か》したあともユーザーができるだけ満足できるように、協会のスタッフがようすを見にいって、アフターケア（犬を貸《か》したあとのお手伝い）をしているのです。

聴導犬《ちょうどうけん》はユーザーといっしょに外へも出かける。

10　オレンジ色のコートの使命《しめい》

さて、こうしてお見合いした相手とペアを組んで仕事をしていく聴導犬《ちょうどうけん》ですが、聴導犬《ちょうどうけん》に期待される大切な役割《やくわり》とはなんでしょう。

生活に必要なさまざまな音を、耳の不自由なユーザー（使用者）に教えることは、もちろん大切です。でも、光やバイブレーターなどの機械で、音を知らせることもできます。

銀行や病院で順番が来たことを教えるときも、番号札《ばんごうふだ》の番号が電光掲示板《でんこうけいじばん》に出れば、それですぐにわかる場合があります。

だから機械さえあれば、聴導犬《ちょうどうけん》はとくに必要ではないと考える人もいます。

しかし、こうしてあらかじめ音が鳴ることがわかっている場合はいいとして、とつぜん何かが起こった場合に、機械で聴導犬《ちょうどうけん》のかわりがつとまるでしょうか。

たとえば、とつぜん約束もなしに人が訪《たず》ねてきた場合は、フラッシュライトが光っても、耳の不自由な人が、別の部屋にいたり、二階でせんたく物を干《ほ》したりしていれば、ライトは見られません。

一番おそろしいのは、とつぜんまわりに事故《じこ》が起きたときです。火災報知器《かさいほうちき》が鳴っても、ホテルやデパートでは、どこにもフラッシュライトはありません。にげるように知らせる館内放送の声も、耳の不自由な人には聞こえません。ホテルのドアをノックしてもらっても、わかりません。

聴導犬《ちょうどうけん》がいれば、まずあたりがざわざわすれば気配《けはい》で気がつくでしょうし、火災報知器《かさいほうちき》やノックの音がすれば、ユーザーに教えるでしょう。

イギリスでは、耳の不自由な人と暮《く》らす家族が家の中でケガをして動けなくなったとき、声で呼《よ》んでもだれも来なかったので、聴導犬《ちょうどうけん》を呼《よ》び、耳の不自由な家族にまず知らせて、助けてもらったという例があります。聴導犬《ちょうどうけん》が、実際《じっさい》に火事や事故《じこ》から主人を守った例もあります。

このように、予期《よき》しないことが起きた場合、耳の不自由な人にとっては、機械より聴導《ちょうどう》犬《けん》の方が、ずっと安心で安全です。

そのうえ、聴導犬《ちょうどうけん》なら、自分で考えて、教えられていない音までユーザーに知らせてくれることがあります。

耳の不自由な人は、道路を歩くとき、自動車のクラクションや消防車《しょうぼうしゃ》・救急車のサイレンが聞こえず、ぶつかりそうになったり、ごくまれには注意されてしまうこともあるそうです。しかしある聴導犬《ちょうどうけん》は、いわれなくてもその音を覚え、ユーザーに教えるようになりました。

いっしょにすんでいる猫《ねこ》が、「ドアをあけてよ～」と鳴く声を、知らせるようになった犬もいます。

日本聴導犬協会《にほんちょうどうけんきょうかい》で育ったある聴導犬《ちょうどうけん》は、大阪府《おおさかふ》のユーザー宅《たく》で暮《く》らしていました。その家のご夫妻《ふさい》は、二人とも耳が不自由で、聴導犬《ちょうどうけん》がやってくるまで、さまざまな苦労をしていました。

一階の部屋には来客《らいきゃく》を知らせるライトがついていましたが、その場をはなれると、だれか来てもわからないので、玄関《げんかん》のカギはかけずに生活していました。

二階のベランダで、せんたく物を干《ほ》していたときに、いきなり近所の人が階段《かいだん》をあがってきていて肩《かた》をたたかれ、心臓《しんぞう》が止まるほどびっくりしたことがありました。近所の人は、わざわざ入ってきてくれて、お客さんが来たことを教えてくれたのでした。ドアにかぎをかけない生活で、もしどろぼうが入ったらどうしようかと不安でしたが、そうやって生活するしかなかったのです。

おふろの水や、せんたく機の水を流しっぱなしにしていたことも、しょっちゅうでした。お湯をわかしていて止めわすれ、ふっとうした湯がふきこぼれて、何回かガスの火が消えてしまいました。音が聞こえれば自然にわかることでも、耳が不自由だと、ちょっと気をゆるめたとたん、気づくのがおくれてしまうことがあります。

赤ちゃんが生まれると、泣き声が聞こえないのにこまりました。そこで、赤ちゃんのねている部屋の天井《てんじょう》に鏡をつけて、台所からも赤ちゃんの顔が見えるようにしました。

ホテルや旅館に二人で泊《と》まっても、非常《ひじょう》ベルは聞こえないし、宿《やど》の人がノックするのもわかりません。不安で落ちつかず、せっかくの旅行の楽しみも半減《はんげん》してしまいました。

その二人の家に、聴導犬《ちょうどうけん》がやってくると、ご夫婦《ふうふ》の生活は変わりました。

一番大きな喜びは、「生活上の心のおだやかさ」です。

それまでのように、「いつお客さんが来るか」「いつ宅配便《たくはいびん》がとどくか」「いつ火事にまきこまれるか」「いつお鍋《なべ》がふきこぼれるか」と、神経《しんけい》をピリピリさせて生活しなくてもすむのです。

それにこの聴導犬《ちょうどうけん》も、ただ教えられた仕事をするだけではありませんでした。

ある日、家に来客《らいきゃく》がありました。

すると、この犬は、一階にいる奥《おく》さんのそばを通りすぎ、二階にいる旦那《だんな》さんの方を呼《よ》びにあがっていきました。お客さんの自動車のエンジンの音を覚えていて、「あの人は、お父さんの友だちだ。だから、お父さんを呼《よ》びにいかなくちゃ」と、判断《はんだん》したのでした。

またあるときは、ファックスの音と、台所の料理タイマーの音が、いっしょに鳴ったことがありました。するとこの犬は、すぐ近くにあるファックスではなく、タイマーの方へ、ユーザーをつれていったのです。ファックスは、あとで教えてもだいじょうぶですが、台所の火を消しわすれると、鍋《なべ》がふきこぼれたり、火事になったり、大変なことになってしまいます。そこまでちゃんとわかっていたのでした。

もう一頭の千葉県《ちばけん》で暮《く》らしていた聴導犬《ちょうどうけん》の場合も、ユーザーはご夫婦《ふうふ》とも耳が不自由でした。

聴導犬《ちょうどうけん》のみかんとユーザーさん。乗り物に乗るときは、ほかの人のじゃまにならないよう「アンダー」と命じて足の内側に入れる。

聴導犬《ちょうどうけん》のかよとユーザーのご夫婦《ふうふ》。

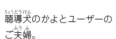

ユーザーの女性《じょせい》は、聴導犬《ちょうどうけん》をひろめるデモンストレーションの場で、こう語っています。手話《しゅわ》で語った内容《ないよう》を、手話通訳《しゅわつうやく》の人が伝えていました。

「この子が家に来てから、わたしの生活は変わりました。それまでは、自分がまわりの情報《じょうほう》に気づかず、また失敗するのでは、といつも神経《しんけい》をはりつめていました。聴導犬《ちょうどうけん》のよさは、機械ではは絶対《ぜったい》にえられない安心感です。この子のおかげで、安心して、落ちついて、なるべくほかの人の世話にはならずに暮《く》らす、ということができるようになりました」

ユーザーの女性《じょせい》は、職場《しょくば》に行くときも、聴導犬《ちょうどうけん》をつれていきます。お昼休みを告《つ》げるチャイムの音を教えてくれるだけでも、助かります。

もし聴導犬《ちょうどうけん》がいなくても、ほかの人が昼休みですと教えてくれるかもしれませんが、なるべく自分のことは自分でできるようにした方が、気持ちが軽くなります。

自分のことが、だれかの負担《ふたん》になっているのでは。そういう小さな気づかいが積もり積もると、耳の不自由な人のストレスになってしまいます。聴導犬《ちょうどうけん》が毎日手伝ってくれるおかげで、ユーザーは、ゆったりした気分でいることができるのです。

耳の不自由な人にとって、一番こまることは、一目見ただけではハンディキャップがあるとわからないことです。外でふいに道を聞かれたり、話しかけられたりしても、とまどってしまう場合があります。

車椅子《くるまいす》に乗った人や、白い杖《つえ》を持った目の不自由な人なら、会えばすぐにハンディキャップがあるとわかります。でも、耳の不自由な人は、耳元に小さなベージュの補聴器《ほちょうき》をつけている場合もありますが、見た目だけではわかりません。

あるとき、耳の不自由な人が、一人で道を歩いていて物を落としました。しかし、その音が聞こえなかったので気づきませんでした。そこへ、後ろから来た人が、

「落としましたよ！　落とし物ですよ！」

と、何度もさけんで教えてあげました。しかし、耳の不自由な人にはわかりません。と

うとう後ろの人は、おこって、「せっかく教えてやってるのに！」と耳の不自由な人を後ろからドンとたたきました。

ここでやっと耳の不自由な人は、後ろから呼《よ》びかけられていたこと、自分が物を落としたことに気がつきました。相手にもようやく、この人の耳が不自由であることが伝わりました。

しかし、人によっては、「ありがとう」や「ごめんなさい」と口でいえない場合もあります。自分の話す声が聞こえないために、耳の不自由な人は、うまく話せないこともあるのです。

手話《しゅわ》を使う人もいますが、相手が手話《しゅわ》を知らなければどうしようもありません。相手のくちびるの動きを読みとって会話する「読話《どくわ》」や、紙に書いて話す「筆談《ひつだん》」という方法もありますが、とつぜんの場合、なかなかうまくいかないかもしれません。

しかし、もし物を落とした耳の不自由な人が、聴導犬《ちょうどうけん》をつれていればどうでしょうか。

ょう。

聴導犬《ちょうどうけん》は、後ろからだれかに呼《よ》ばれれば、少なくともピクンと反応《はんのう》して立ちどまるでしょう。

認定《にんてい》された聴導犬《ちょうどうけん》は、オレンジ色のコートを着ていて、「聴導犬《ちょうどうけん》」と大きく書いてあります。後ろから来た人も、その文字が目に入れば、「ああ、この人は耳の不自由な人なんだな」とわかり、近づいていって、軽く肩《かた》をたたいて落とした物を見せ、落とし物をしたことを教えることができるでしょう。気づいた耳の不自由な人も、すぐに理解《りかい》して頭を下げ、にこやかにお礼をいうことができるでしょう。

外見からはわからないハンディキャップを、まわりの人に伝えるのも、聴導犬《ちょうどうけん》の大きな役割《やくわり》です。

耳の不自由な人は、障害者手帳《しょうがいしゃてちょう》などを見せて自分にハンディキャップがあることを教えることもありますが、犬をつれていた方が、もっとはっきりと親しみやすい方法で、まわりの人に自分のことをわかってもらうことができます。

もちろん、耳の不自由な人の心配事は、これだけではありません。まだまだ聴導犬《ちょうどうけん》どころか、耳の不自由な人への理解《りかい》が、日本では進んでいません。

イベントなどで、せっかく手話通訳《しゅわつうやく》の人が前に立って手話《しゅわ》をしているのに、会場をすっかり暗くしてしまって、かんじんの手話《しゅわ》が見えないことがあります。暗すぎて手話《しゅわ》が見えないレストランで、「もっと明るくしてください」といっても、ことわられることがあります。

相手の口の動きを見て言葉を読みとらなければならないのに、ずっとマスクをしていたお医者さん。「マスクをはずしてください」といっても、いっていることをわかってもらえませんでした。きっと、耳の不自由な人が、どうやって言葉を読みとるかを知らないのでしょう。

お店に買い物に行って、いきなりペラペラ話されても、耳の不自由な人には用件《ようけん》が伝わらないこともあります。

聴導犬《ちょうどうけん》は、耳の不自由な人のお手伝いを、すべてすることはできません。しかし、聴導《ちょうどう》犬《けん》がいれば、安心できることがふえ、まわりからの理解《りかい》もえられ、いつもビクビク緊張《きんちょう》していた状態《じょうたい》がずいぶん改善《かいぜん》されます。もともと、動物がいるだけで、人はいやされ、おだやかな気持ちになるといわれています。

もちろんまわりの人も、日ごろから耳の不自由な人と接《せっ》するときのことをもっと考え、心の準備《じゅんび》をしておく必要があるのですが。

11 ハナ、病院へ行く

ハナが聴導犬《ちょうどうけん》になれるかどうかのテストが、いよいよ協会で始まりました。

協会のスタッフは、全員女性《じょせい》で、そろいのグレーのシャツを着ています。それぞれ協会に住みこんだり、近所から通ったりしながら、犬の世話や訓練、協会の事務《じむ》の仕事などにとりくんでいます。また、この常勤《じょうきん》スタッフの活動を、全国のたくさんのボランティアたちがささえています。

協会にもどってきたハナを、スタッフたちは、やさしく、根気《こんき》強く、指導《しどう》していきましたが、ハナには、まだいくつかの課題《かだい》がありました。

まず、リコールといって、名前を呼《よ》んだらそばに来させるしつけが、きちんとできていませんでした。

次に、すぐに猫《ねこ》を追いかけまわすくせを、なんとかさせなくてはなりません。聴導犬《ちょうどうけん》の仕事をしているときに、猫《ねこ》が前を通っただけで大さわぎをするのでは、こまるからです。

協会には「にゃん太《た》」という猫《ねこ》が飼《か》われているのですが、スタッフはハナとにゃん太《た》にいっしょにいさせ、猫《ねこ》になれさせようとしました。そのおかげで、ハナはにゃん太《た》となかよくはなりましたが、ほかの猫《ねこ》を見ると興奮《こうふん》するくせは直りません。

それからこまったのは、すぐになんでも飛びこえるくせです。高い塀《へい》などを見ると、飛びこえずにはいられないのです。

協会の建物のまわりにある高いブロック塀《べい》を、ぽんと飛びこえては、向こう側の道路をふらふら行ったり来たりしています。そのたびに、協会のスタッフは、あわててつれもどしにいかなくてはなりません。自動車にひかれたりしたら大変だからです。

「犬の走り高飛び大会があったら、きっとハナの優勝《ゆうしょう》ね」

協会のスタッフは、ハナを「ジャンパー（飛ぶ人）」と呼《よ》び、そんな冗談《じょうだん》をいっていました。

しかし、「ジャンパー」と呼《よ》ばれ、高飛びもうまいハナなのに、どうもふだんの歩き方がぎこちありません。おしりがぴょこぴょこ左右にゆれ、後ろ足を引きずっているように見えます。

もしや、大型犬に多い足の故障《こしょう》では……。

協会のスタッフは、数人の獣医《じゅうい》さんにハナを診察《しんさつ》してもらいました。

「たしかに腰《こし》や足の関節《かんせつ》のかみあわせが、ちょっとゆるい犬ですが、このくらいならだいじょうぶでしょう」

獣医《じゅうい》さんたちは、そういいます。でも、聴導犬《ちょうどうけん》として仕事をするとなれば、健康状態《じょうたい》について納得《なっとく》するまできちんと調べておくことが必要です。

協会の有馬《ありま》さんは、今度はハナを東京の大きな動物病院につれていき、くわしく調べてもらうことにしました。そこには、あのサワの手術《しゅじゅつ》もしてくれた、協会指定《してい》の獣医《じゅうい》さんが

にゃん太《た》と協会の犬たち。みんな、とてもなかがいい。

ひなたぼっこするにゃん太《た》とまつ。まつは、聴導犬《ちょうどうけん》として沖縄《おきなわ》で活躍《かつやく》した。

いるからです。

レントゲンをとって、念《ねん》のためにその結果をアメリカのペンシルバニア大学へ送り、判《はん》断《だん》をあおぎました。すると、後足全体に、骨《ほね》の障害《しょうがい》が出ているということがわかりました。

のんびり暮《く》らすにはさしつかえないが、聴導犬《ちょうどうけん》としてユーザー（使用者）のために働くことは、ユーザーにとっても犬にとっても大変だろう、という診断《しんだん》でした。

「犬にけっして無理をさせない」というのが協会の考え方です。

ハナは、聴導犬《ちょうどうけん》にはなれない……。

ハナのすぐれた才能《さいのう》に期待していた協会のスタッフたちは、どんなにがっかりしたかしれません。せっかくソーシャライザーの人たちに愛情《あいじょう》をこめて育ててもらったのに！

しかし、会長の有馬《ありま》さんは、じつはほっとしていました。

「やっぱり、足がそんなに悪かったのね。早くわかって、ハナちゃんにとってはよかったわ」

東京の獣医《じゅうい》さんは、有馬《ありま》さんにこう提案《ていあん》しました。

「ハナちゃんは、おだやかでいい性格《せいかく》だし、しつけもきちんとされていますね。人間の相手をするのも好きそうです。どうですか。訪問《ほうもん》活動のために、ハナちゃんをこちらにあずからせていただけませんか。ときどき病院や老人ホームなどで人の心をいやすだけなら、足に負担《ふたん》もないでしょう」

訪問《ほうもん》活動というのは、犬や猫《ねこ》、ウサギ、モルモットなどの動物をつれて、老人ホームや体の不自由な人の施設《しせつ》、学校などを訪《おとず》れることです。専門《せんもん》の医療《いりょう》スタッフがいっしょに行くこともあり、医学的にも高い成果《せいか》をあげていて、アニマル・セラピーとも呼《よ》ばれています。この動物病院は、ボランティアで訪問《ほうもん》活動を行っていたのでした。

動物たちとふれあうことで、それまで無表情《むひょうじょう》だった人の顔に笑顔がこぼれることがあります。動物の背中《せなか》にさわりたくて、動かなかった手をのばそうとする人もいます。動物が近くにいるだけで、人は血圧《けつあつ》が下がり、気持ちもリラックスするのです。

ハナなら、この活動に参加するのに、ぴったりではないかというのでした。しかし有馬《ありま》さんは思いました。

ハナは、たしかに人間の相手をするときも、よく気がつく。でも、本当はあまえんぼうでかまってほしいのに、それを表情《ひょうじょう》や動きには表さない。できればよくハナの性格《せいかく》をわかっている人といっしょに、生涯《しょうがい》幸せに暮《く》らしてほしい。

そして、すぐ頭に思いうかんだのが、ソーシャライザーの大澤裕子《おおさわひろこ》さんです。大澤《おおさわ》さんなら、ハナの気質《きしつ》をよくわかっている。あの家で暮《く》らせば、きっとハナはこれからも幸せでいられるにちがいない。

有馬《ありま》さんは、すぐ裕子《ひろこ》さんに電話を入れてみました。裕子《ひろこ》さんははじめて、ハナの足に故障《こしょう》が見つかったことを聞かされました。

「えっ。ハナちゃん、聴導犬《ちょうどうけん》に、なれないんですか……」

裕子《ひろこ》さんも、どんなにがっかりしたかしれません。ハナなら優秀《ゆうしゅう》な聴導犬《ちょうどうけん》になれそうだったのに。

有馬《ありま》さんは、こういいました。

「ハナはとても頭のいい子なので、できれば訪問犬《ほうもんけん》にしたいと思っています。大澤《おおさわ》さんの家で暮《く》らしながら、ときどき訪問《ほうもん》活動をさせるというのはどうでしょうか」

ハナが訪問犬《ほうもんけん》に？　そして、うちの犬に？

しかし、いきなりこういわれた裕子《ひろこ》さんは、じつは、最初ちょっとまよったのでした。

そのころ、裕子《ひろこ》さんの家では、まだナナをあずかっていました。裕子《ひろこ》さん自身も体の調子《ちょうし》が悪く、二頭もあずかれるかどうか、不安でしかたがありません。

天国にいってしまったサワのこともあります。いいかげんな心がまえで、またハナをあずかることはできません。

「本当にハナをまた育てられるかしら」

「あずかってみてからでもいいですよ。無理だったら、もどしてくださっていいんですよ」

有馬《ありま》さんは、熱心にすすめました。

「ええ、でも……」

電話を切って考えこんでいると、もうすっかり大きくなっていた裕子《ひろこ》さんの子どもたち、ゆみちゃんとこうじくんが、こういってくれました。

「だいじょうぶだよ。みんなでやれば！」

裕子《ひろこ》さんの子どもたちも、何頭もの犬をあずかるうちに、ソーシャライザーの仕事をしっかりと理解《りかい》し、協力してくれるようになっていたのです。

「ありがとう。二人とも手伝ってくれるのね！」

子どもたちのあたたかいはげましが、裕子《ひろこ》さんには、どんなにうれしかったかしれません。裕子《ひろこ》さんは、急いで有馬《ありま》さんに電話をかけなおしました。

「子どもたちも、いっしょに犬の世話をしてくれるといってくれました。これなら、安心です。ハナを、もう一度引きうけます！　いっしょにずっと暮《く》らします！」

こうして、ハナはふたたび、裕子《ひろこ》さんの家にやってきたのでした。

「お帰り、ハナ！」

裕子《ひろこ》さんとハナとの運命の糸は、ふたたびしっかりと結ばれることになりました。

12　さまざまな道を歩む犬たち

日本聴導犬協会《ちょうどうけん》が育てた犬でも、犬の能力《のうりょく》や健康状態《じょうたい》によっては、ハナのように聴導《ちょうどう》犬《けん》以外の道を歩む場合があります。ほかにも、いくつかの例を、みてみましょう。

まず最初に、聴導犬《ちょうどうけん》への道を進んだ犬が、聴導犬《ちょうどうけん》だけではなく、いっしょに介助犬《かいじょけん》の仕事もするようになった例をあげましょう。日本聴導犬《ちょうどうけん》協会は、聴導犬《ちょうどうけん》だけでなく、介助犬《かいじょけん》の訓練と認定《にんてい》も、国から許可《きょか》されている育成団体《いくせいだんたい》です。

シロという犬は、協会で育てられるうち、耳のほかに体も不自由なユーザーと生活することが決まりました。介助犬《かいじょけん》として、物をひろったり、ドアをあけたり、電気をつけたりする仕事もすることになったのです。こういうふうに、聴導犬《ちょうどうけん》と介助犬《かいじょけん》の仕事の両方をす

協会を訪問《ほうもん》してくれた盲導犬《もうどうけん》たちの前で、上着をぬがすデモンストレーションをするシロ。

る犬のことを「多目的補助犬《たもくてきほじょけん》」といいます。

車椅子《くるまいす》に乗っているユーザーが、携帯《けいたい》電話やスプーンなどの物を落としたら、ひろってきてわたしてあげます。ねているときにベッドからふとんが落ちたら、かわりに布団《ふとん》をひろってあげます。

冷蔵庫《れいぞうこ》の中にあるペットボトルをとってきて、といわれれば、冷蔵庫《れいぞうこ》をあけ、ペットボトルにつけたストラップをくわえて、走って運びます。その後、わすれずに冷蔵庫《れいぞうこ》のドアをしめます。

車椅子《くるまいす》に乗ったユーザーのくつ下を、引っぱってぬがせてあげます。でも、訓練士《くんれんし》が教えなくても、絶対《ぜったい》に人の足をかんだりしません。犬の方がちゃんと気をつけています。電気をつけたり消したりするのも得意です。蛍光灯《けいこうとう》につけられた長いひもの先を口でくわえて、引っぱるのです。

このように、聴導犬《ちょうどうけん》は、能力《のうりょく》があれば別の訓練も加え、多目的に役立つ犬になることがあるのです。

タカやケンタがなった「デモンストレーション犬」というのは、聴導犬《ちょうどうけん》になる訓練を受けながらも、ユーザーとのお見合いがうまくいかなかったり、年をとりすぎていたり、体が大きすぎたりして、聴導犬《ちょうどうけん》になれなかった犬たちです。一般《いっぱん》の人びとの前で、聴導犬《ちょうどうけん》がどんな仕事をするのかデモンストレーションをしています。

日本聴導犬《ちょうどうけん》協会では、日本各地で一年間に百回ものデモンストレーションを行っています。なぜ、こんなにたくさん、やらなくてはならないのでしょうか。

聴導犬《ちょうどうけん》は、日本ではまだよく知られていません。認定《にんてい》された聴導犬《ちょうどうけん》は、必ずオレンジ色のコートを着ていますが、そのことを知っている人も、ごくわずかです。

耳の不自由な人は、見た目だけではハンディキャップがわからないため、せっかく聴導《ちょうどう》犬《けん》をつれているのに、ただのペットだと思われることも多いのです。

いっしょにお店やレストランに入ろうとすると、「こまります。ペットは立ち入り禁止《きんし》ですよ」といわれてしまいます。聴導犬《ちょうどうけん》であることを説明しても、「ほかのお客さまのご迷惑《めいわく》になりますから」と店に入るのをことわられることもあります。

二〇〇二年から「身体障害者補助犬法《しんたいしょうがいしゃほじょけんほう》」という法律《ほうりつ》が、全面的に施行《しこう》されました。この法律《ほうりつ》によって、認定《にんてい》された補助犬《ほじょけん》であれば、さまざまな場所につれていってもいいことが、やっとはっきりとみとめられました。

ユーザーは補助犬《ほじょけん》をつれて、電車、バス、飛行機などの乗り物に乗ることができます。公共施設《こうきょうしせつ》や、デパート、ホテル、レストランなどに入れます。よほど特別な理由がないかぎり、補助犬《ほじょけん》が入ることをことわってはなりません。それでも、この法律《ほうりつ》ができたことを、ほとんどの人は知りません。

そのため、新しくどこかで聴導犬《ちょうどうけん》との生活を始める場合は、耳の不自由な人に負担《ふたん》をかけないために、協会のスタッフがユーザーの出かける場所へあらかじめあいさつに行きま

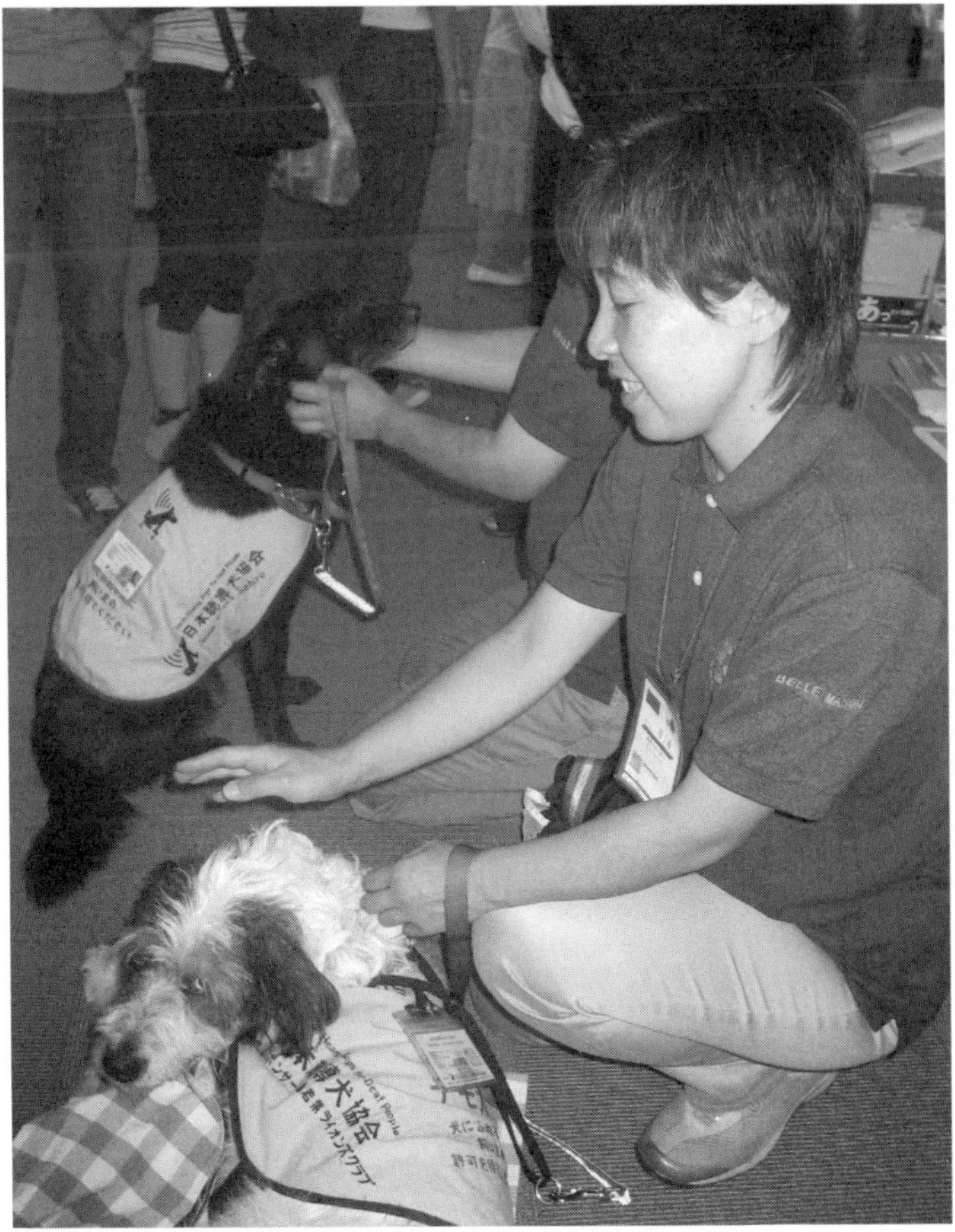

デモンストレーション犬として活躍《かつやく》したクロ（上）とナナ。

す。聴導犬《ちょうどうけん》の仕事や、いっしょにつれていく理由などを説明して、あたたかく受けいれてもらえるようにしています。

またあるときは、こんな事件《じけん》も起こってしまいました。聴導犬《ちょうどうけん》がよく知られていないことを利用して、自分のペットを聴導犬《ちょうどうけん》だといつわって旅館にいっしょに泊《と》まり、あげくのはてに宿泊料《しゅくはくりょう》をふみたおした人がいたのです。その犬は、食堂《しょくどう》を走りまわっていて、まわりの人は「聴導犬《ちょうどうけん》って、あんなに乱暴《らんぼう》なのか」とあきれてながめていました。

だれもが、「聴導犬《ちょうどうけん》はオレンジ色のコートを着ていて、よくしつけされている」と知っていれば、すぐに「おや？　おかしいな」と気づいたことでしょう。

一人でも多くの人に、本当の聴導犬《ちょうどうけん》をわかってほしい。耳が不自由な人のことを、きちんと理解《りかい》してほしい。

そう願って、協会では何度も何度もデモンストレーションを、くりかえし行っています。

ところで、訓練を受けはじめた犬が、もし聴導犬《ちょうどうけん》としての仕事をうまくできない場合はどうなるのでしょう。

正式に聴導犬《ちょうどうけん》と認定《にんてい》されるためには、八種類の音をユーザーに教え、外出するときも電車やレストランで静かにしているなど、たくさんのことができていなければなりません。

しかし、そこまで全部できない場合、あるいはユーザーが家の中で音を教えてくれればじゅうぶんだ、という場合は、「聴力《ちょうりょく》お手伝いペット犬」になります。「ヒロ」のように、聴導犬《ちょうどうけん》として認定《にんてい》はされませんが、家の中だけでいくつかの音を教える仕事をする犬になるのです。

また、日本聴導犬《ちょうどうけん》協会では、一般《いっぱん》の家庭犬を「聴力《ちょうりょく》お手伝いペット犬」にするとりくみも始めました。

耳の不自由な人が飼《か》っているふつうの家庭犬を、協会で訓練し、三つくらいの音が教えられるようにさせます。協会で三日間、飼《か》い主《ぬし》と犬がいっしょに音の教え方を学びます。

すでに犬を飼《か》っている場合、聴導犬《ちょうどうけん》を貸《か》すことはできません。ふつうの犬といっしょにいると、ほえるくせがうつったり、せっかくのしつけや訓練がだいなしになることがあるからです。

しかし、もともと飼《か》い主《ぬし》がかわいがっている犬が、目覚まし時計、インターホン、タイマー、ファックスなどの音を、たとえ三つくらいでも教えてくれるようになれば、ずいぶん役に立つはずです。

音の教え方も、お行儀《ぎょうぎ》よくタッチする方法でなくても、飼《か》い主《ぬし》にわかればいいのですから、鼻でつつくような別の方法でもかまいません。

聴力《ちょうりょく》お手伝いペット犬を飼《か》うことにより、耳の不自由な人に、音を教える犬の便利《べんり》さをわかってもらうのも重要なことです。次に飼《か》う犬には、正式な聴導犬《ちょうどうけん》を選んでくれるかもしれないからです。耳の不自由な人自身も、聴導犬《ちょうどうけん》についてよく知らない場合があるので、こうした方法で聴導犬《ちょうどうけん》のよさを理解《りかい》してもらうことも大切です。

聴導犬《ちょうどうけん》の仕事をするのが身体的《しんたいてき》な理由などで無理な場合は、ハナのように訪問犬《ほうもんけん》への道を考えることがあります。ハナは、協会にいるときにも、すでに長野県《ながのけん》の知的障害者《ちてきしょうがいしゃ》の施《し》設《せつ》を訪問《ほうもん》しました。よくしつけされていれば、訪問《ほうもん》活動にはすぐに参加できるからです。

ですが、一番多いのは、新しい家族をさがして、「家庭犬」にさせる例です。よくしつけされた犬は飼《か》いやすいので、どの家でも喜ばれます。

ただこの場合も、いきなり新しい飼《か》い主《ぬし》にぽんと、「じゃ、あとはよろしくお願いします」とゆずりわたすわけではありません。犬を家の中で飼《か》ってくれて、一人ぼっちにする時間が短く、愛情《あいじょう》をこめて世話をしてくれることが条件《じょうけん》になります。

一か月間試《ため》しにあずけてみて、その家に犬が行くことが決まったあとも、協会のスタッフがようすを見にいって、犬がその家族とうまく暮《く》らしているかどうかたしかめます。犬にアレルギーが起こっているのにまったく気づかない家庭がありましたが、「それでは犬がかわいそう」と返してもらったこともありました。
犬のことも大事にする協会のスタッフは、家庭犬になる犬の「マッチング（お見合い）」にまで、大変な時間と労力《ろうりょく》をかけています。この経験《けいけん》をたくさん積んでいるおかげで、協会では、聴導犬《ちょうどうけん》とユーザーのマッチングにも、失敗したことがありません。

このように、日本聴導犬《ちょうどうけん》協会で育てられた犬たちは、さまざまな道を歩みます。しかし、いずれの道に進んでも、それで不幸せになる、ということはありません。スタッフたちは、どの犬のことも真剣《しんけん》に考えているので、一頭たりともいいかげんにあつかわれることはないのです。

13　輝《かがや》きだした瞳《ひとみ》

裕子《ひろこ》さんは、訪問犬《ほうもんけん》にするといわれたハナを、ふたたび育てはじめました。せっかく今までしつけられたことをわすれさせないように、基礎《きそ》訓練は引きつづき行います。

でも、ハナはまだまだ若《わか》く、やんちゃざかり。家にいたナナは、同じくらいの大きさだったので、ちょうどいい遊び相手になりました。一日中、いっしょにじゃれあっています。

ある日のこと、いつものように二頭の犬を庭でしばらく遊ばせてから、順番に散歩に出してやることにしました。しばらくして裕子《ひろこ》さんが庭のようすを見にいくと、ナナが変な顔をしてやってきました。

「あれ？　ハナは？」

ナナといっしょにいたはずの、ハナの姿《すがた》が見えません。ちょっと目をはなしたすきに、消えてしまいました。家の中のどこをさがしても見つかりません。

「ハナ！　ハナ！」

呼《よ》びまわっていると、家の門の外にハナの姿《すがた》がちらりと見えました。ハナは、またやったのです。一人で庭からにげだしたのです。塀《へい》は飛びこえられない高さのはずなのに。

いったいどうしよう！　首輪にはリード（犬をつなぐひも）もついていません。

ハナは「リコール」といって、名前を呼《よ》んだら来るようにさせる訓練が、まだしっかりとできていませんでした。もし追いかけたら、きっと走って遠くへにげてしまうにちがいありません。

裕子《ひろこ》さんの家の近くには、自動車もたくさん通っています。もし、ひかれたりしたら大変です。裕子《ひろこ》さんは自分も外に出て、何度かハナの名前を呼《よ》びました。でもそのたびに、ハナはもどってきては、またふらっと向こうに行ってしまいます。

ああ、リコールをもっときちんと教えておけばよかった。犬の命を守るのは飼《か》い主《ぬし》の責《せき》任《にん》なのに。裕子《ひろこ》さんは冷《ひ》や汗《あせ》をかきながら反省しましたが、どうにもなりません。

だんだんハナの近くに近づきました。ハナは、近くの小学校に入っていきます。校庭をのんびりと、三周もパカパカと走りまわっています。

やがて、のどがかわいたのか、水たまりの水を飲みはじめました。ハナは思いきり走りまわって水を飲み、満足したのでしょうか。

「ハナ！」

名前を呼《よ》ぶと、やっと裕子《ひろこ》さんの元にもどってきました。裕子《ひろこ》さんは、さっと首輪にリードをつけます。

ああ、よかった。やっとつかまえた。

本当なら「ダメでしょ、ハナ！」としかりつけるところですが、ファン・トレーニングがしっかり身についている裕子《ひろこ》さんは、こんなときでも犬をしかりません。

「ハナ！　グッド！　グッド！」

名前を呼《よ》ばれてもどってきた犬を、ひたすらほめてやるのでした。

裕子《ひろこ》さんはハナを家につれもどすと、さっそくハナがどこからにげだしたのか調べました。すると、となりのアパートとのさかいにあるフェンスの下に、一か所だけ小さなすきまがあったのを見つけました。きっと、そこからにげだしたのでしょう。今度は「高飛び」ではなく、下にもぐってにげだしたのです。

どうしてハナは家出したんだろう。長野《ながの》の協会の方がよかったのかしら。

裕子《ひろこ》さんは、ちょっぴり悲しくなりましたが、それはとりこし苦労でした。あとで協会のスタッフに聞いてみたら、ハナは協会のフェンスからも、よくにげだしていたそうです。どんなに穴《あな》をふさいでも、また出てしまったとか。

ハナは、とくに猫《ねこ》が外を通ると、いてもたってもいられなくなる性格《せいかく》のようで、猫《ねこ》につられて飛びだしていってしまうのでした。

このあとも、ハナは何度もにげだしました。足に故障《こしょう》があるというのに、助走《じょそう》しなくても、一メートル三十センチくらいは楽に飛びこせます。

ハナのことをよく知っているとなりの家のおばさんは、裕子《ひろこ》さんがハナをさがしまわっているると、親切に教えてくれるようになりました。

「今、ハナちゃん、あっちへ走っていったわよ。しゃがんでいたら、わたしの頭の上を飛びこえていったの。馬かと思ったわ……」

一度は、自動車にぶつかりそうになったことさえありました。裕子《ひろこ》さんは、いつもハナが家の中にいるかどうか、気が気ではありません。

もう一つ、こまったことが起こりました。裕子《ひろこ》さんが、もう一頭のナナの相手をしていると、ハナがいじけるようになってしまいました。ナナだけを散歩につれていこうとすると、必ず「ウォーン、ウォーン」と悲しそうに遠ぼえします。

「ハナは、ナナとはうまくやれないのかしら。あんなになかよく遊んでいたのに」

裕子《ひろこ》さんは、しかたなく、ナナの方を協会にもどすことに決めました。

ちょうどそのころ、裕子《ひろこ》さんはウサギの「クロマメ」を家の中で飼《か》いはじめていました。黒と白のブチの、小さなウサギです。

最初にクロマメがやってきたとき、ハナは目を丸くして相手を見て、ガチッとかたまり、その場に動かなくなってしまいました。生まれてはじめてウサギを見て、よほどおどろいたのでしょう。

そのうち、クロマメがぴょんぴょんと家の中を走ると、自分もドタドタと追いかけるようになりました。

「まあ、ハナったら！」

しばらくは、そうやって追いかけまわしていましたが、だんだんとクロマメとの暮《く》らしにもなれていきました。走っても追いかけなくなります。それどころか、よりそっていっしょにねむっています。ウサギのクロマメと、大のなかよしになったのです。

ウサギのクロマメを「遊ぼう」とさそうハナ。

すっかりクロマメになれたハナ。

ハムスター、ウサギに続き、裕子《ひろこ》さんは、たくさんの猫《ねこ》も飼《か》うようになりました。その後はようやくハナも、猫《ねこ》やほかのペットたちとなかよく暮《く》らせるようになっていきます。

やがて、裕子《ひろこ》さんは、また別の子犬を協会からあずかることになりました。

あいかわらずハナは、いじけたり、ねたんだりしましたが、だんだん自分も子犬たちにうちとけていきます。そのうちしだいに、「お姉さん」「お母さん」としての役割《やくわり》をかってでるようになりました。

子犬をしつけるとき、「先輩犬《せんぱいけん》」として、まず自分が最初にやってみせるのです。

「ハナ！　ダウン！（ふせ）」

と裕子《ひろこ》さんがいって、ハナがふせをすると、子犬はじっとそのようすを見ています。そして、ハナが裕子《ひろこ》さんに、さんざんほめられるのを見て、自分もやってみよう、という気になるのです。

「ハナ！　ウエイト！（待て）」

「待て」の訓練はとても大変です。犬は人に「待て」といわれたら、ずっとその場で静かにしていなくてはなりませんが、なかなか長い時間そうしていられるわけではありません。

ですが、訓練のできているハナは、きちんとそれをこなすことができます。

子犬といっしょに、「待て」の時間をだんだん長くしていきます。子犬は、ハナがしんぼう強く待っているのを見て、自分も裕子《ひろこ》さんにほめてもらおうと、いっしょに待てるようになります。

ハナは、自分の家の子犬が、外でほかの犬にいじめられるようなことがあれば、飛んでいって、守ってやりました。パピー・クラスで、自分の家の犬のご飯がよこどりされそうになると、そばにいて見はってやりました。

子犬がいたずらをして裕子《ひろこ》さんが気がつかないでいると、目で何度もうったえかけてきては、「あっちで、いたずらしてるよ」と伝えます。

子犬の方は、いつもハナの後ろをついてまわります。ハナがお昼ねをしはじめると、自分も横にならんでねむります。人間の小さな子が、年上のお兄ちゃん、お姉ちゃんのあとをついてまわり、そばでまねをするのといっしょです。

ハナがいてくれるだけで、裕子《ひろこ》さんはずいぶん助かるようになりました。

こうして裕子《ひろこ》さんは、それからもたくさんの子犬をあずかりました。「みかん」や「かよ」のように聴導犬《ちょうどうけん》になった子犬も、ほんの少しの間ですが、裕子《ひろこ》さんの家でハナといっしょにすごしました。

裕子《ひろこ》さんのソーシャライザーとしての仕事は、ますます充実《じゅうじつ》していきます。

しかし、日本聴導犬《ちょうどうけん》協会の有馬《ありま》さんは、ときどきパピー・クラスなどでハナの姿《すがた》を見かけるたびに、あることに気づいていました。

ハナに元気がありません。すっかり自分に自信がなくなっているように見えます。

ハナにじゃれて遊ぶ子犬のナガノ。

ねむる子犬を見守るハナ。

協会で訓練をしていたときは、目が生き生きと輝《かがや》いていたハナ。あのハナはどこにいってしまったのでしょう。今はなんだかつまらなそうで、生気《せいき》が感じられません。犬は、知的《ちてき》な動物で、頭を使って何かをなしとげたり、人にほめられたりすることを生きがいとしています。とくに頭のいいハナは、家で子犬たちとのんびり暮《く》らすだけでは、たいくつでしかたなくなりはじめていたのです。

ほかの仕事をあたえた方が、ハナは幸せになるのでは。有馬《ありま》さんは、そう考えて、裕子《ひろこ》さんにこんな提案《ていあん》をしました。

「最初はハナを訪問犬《ほうもんけん》にと考えていましたが、ピーアール犬にする、というのもいいかもしれませんね」

ピーアール犬、というのは、ふだんは家庭で暮《く》らしながら、協会のデモンストレーション犬がたりないときなどに、デモンストレーションのお手伝いをする犬のことです。

ハナにピーアール犬としての訓練を受けさせ、せめてときどきデモンストレーションの場をあたえてやってはと、有馬《ありま》さんは考えたのでした。

それなら、ハナにもぴったりだわ。ハナの才能《さいのう》もきっと発揮《はっき》できるにちがいないわ。

裕子《ひろこ》さんも、ハナをピーアール犬にすることに賛成《さんせい》します。またハナを協会にもどし、一か月かけて訓練を受けさせることにしました。

協会で聴導犬《ちょうどうけん》になれるかどうかのテストを受けたとき、料理タイマーの音は、もう覚えてしまっていたので、ほかの訓練をさせます。銀行や病院などで呼《よ》びだしのベルが鳴る音や、インターホンの音、目覚まし時計の音などを知らせる練習です。「呼《よ》んできて」といわれたら、人を呼《よ》びにいくことも教えました。

予想通り、ハナは大喜びで訓練にとりくみ、四つの音をすぐに覚えることができました。

一か月後、裕子《ひろこ》さんと夫の光彦《てるひこ》さんは、ハナを協会にむかえにいき、そこに一泊《ぱく》して、協会のスタッフから、ハナに聴導犬《ちょうどうけん》のデモンストレーションをやらせるタイミングや、ほめ方などを習いました。

いっしょにデモンストレーションをするのはなかなかむずかしく、裕子《ひろこ》さんも、真剣《しんけん》にとりくみました。

ハナを家につれてかえると、毎晩《まいばん》ハナの食事の前に、トレーニングをすることにしました。ハナはトレーニングが大好きです。人間の方が先に食事をするので、その時間になると、もうすぐ訓練だと気づき、そわそわしはじめます。訓練をしてやると、うれしくて、わくわくと体がはずんでいます。

有馬《ありま》さんが見ぬいた通り、ハナは人のために働き、ほめられることが大好きな犬でした。協会で習ったことのほかに、裕子《ひろこ》さんはドアをノックする音もハナに教えました。赤ちゃんの声を知らせることはとくに訓練しませんでしたが、赤ちゃんの声や小さな子どもの泣き声にもすぐ反応《はんのう》するので、すかさずほめると、ハナもだんだんと教えてくれるようになりました。

ハナの瞳《ひとみ》が、ふたたび輝《かがや》きだします。デモンストレーションの本番が、近づいてきます。

大澤裕子《おおさわひろこ》さんとハナ。

ハナと子犬のナガノ、そして猫《ねこ》たち。

14　ピーアール犬はピンクのコート

とうとう、ハナがピーアール犬としてデビューする日がやってきました。

女優《じょゆう》の中井貴恵《なかいきえ》さんの「大人と子供《こども》のための読みきかせの会」で、絵本の読み聞かせのイベントのあとに、聴導犬《ちょうどうけん》が紹介《しょうかい》されることになったのです。

裕子《ひろこ》さんは、何日も前から、ハナを毎日シャンプーして、よりいっそうかわいく見えるようにしました。練習も毎日させて、しっかり準備《じゅんび》をしてのぞみます。

千葉県《ちばけん》の会場まで、夫の光彦《てるひこ》さんといっしょに、自動車に乗って向かいました。ホールには、たくさんの子どもたちが集まっています。

絵本の読み聞かせが終わると、いよいよハナたちの出番です。ハナは、ピーアール犬のピンクと白のチェックのコートを身につけています。いっしょに出た犬の中には、聴導犬《ちょうどうけん》の「かよ」や、いつか裕子《ひろこ》さんの家でいっしょに暮《く》らしたナナもいました。

犬たちが、子どもたちの前にずらりとならぶと、あまりのかわいさに、わあっと歓声《かんせい》があがります。自分のかわいがっている犬たちが晴れの舞台《ぶたい》に上がって、裕子《ひろこ》さんも、胸《むね》がドキドキ、ほこらしい気持ちでいっぱいです。

でも、うまくいくでしょうか。失敗などしないでしょうか。なれていない場所でわけがわからず、何もできなかったらどうしましょう。

「今日は、ピーアール犬のハナちゃんが、はじめて演技《えんぎ》をします。うまくいかなくても、もしできたら、いっぱい拍手《はくしゅ》してくださいね」

協会の有馬《ありま》さんは、最初にそうみんなにお願いしました。

裕子《ひろこ》さんと、夫の光彦《てるひこ》さんが、ハナに演技《えんぎ》をさせていきます。まず、銀行や病院の受付で順番を知らせてもらうとき、ベルの音が鳴ったらユーザー（使用者）に教える演技《えんぎ》です。

ベルの音が響《ひび》いたとたん、ハナははずむような動きでユーザー役の裕子《ひろこ》さんにタッチし、順番が来たことを教えました。

「できたあ！」

「わあ、すごいね！」

子どもたちは、感心して目を丸くしています。

次に、タイマーの音です。ピピピピ……。ハナは、すかさずタッチしてタイマーの音を教えました。

「なんて頭がいいんだろう！」

子どもたちは、みんなで拍手《はくしゅ》を送ります。

ハナは大勢《おおぜい》の人にほめてもらって、鼻高だか。喜びを全身に表しながら、舞台《ぶたい》をおりました。うまくいって、裕子《ひろこ》さんも涙《なみだ》が出るほど感激《かんげき》しました。

今まで育ててきて、よかった。ハナはなんてりっぱになったんだろう。こうして、たくさんの人の前で、聴導犬《ちょうどうけん》の仕事をやってみせられるなんて。

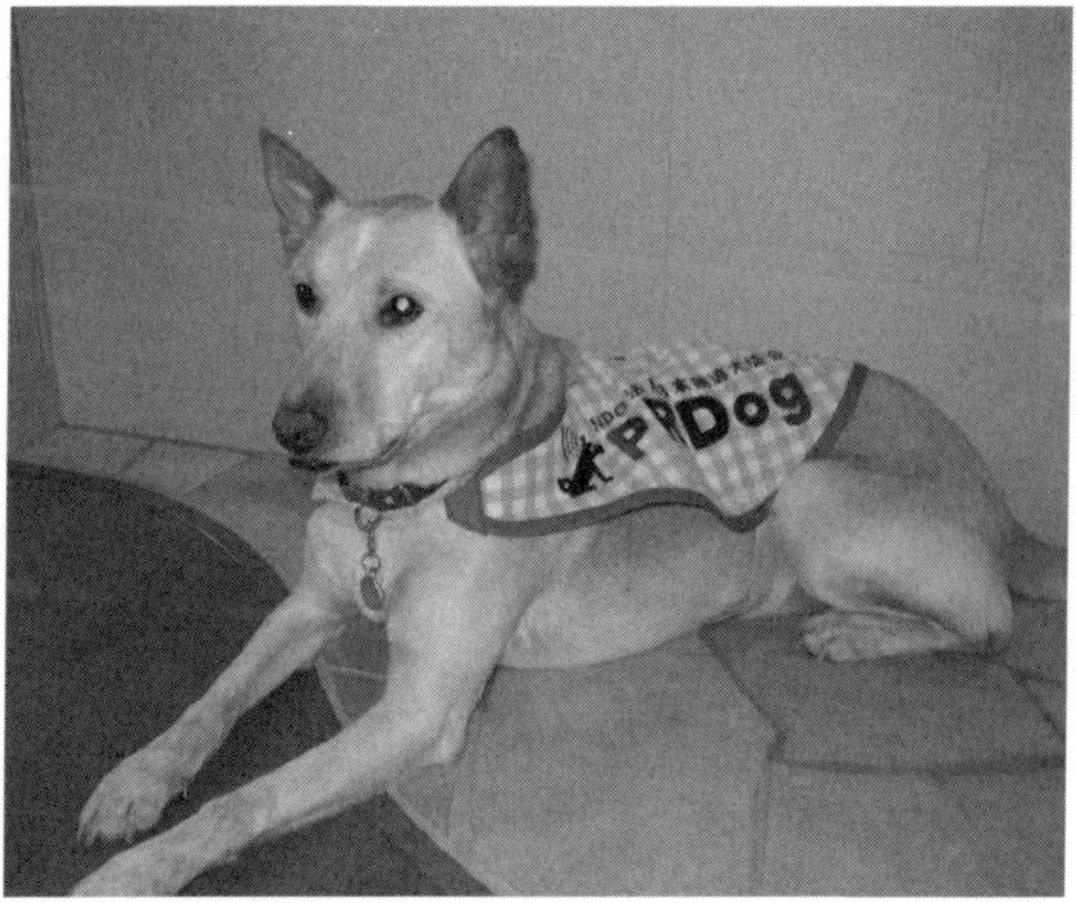

ピーアール犬のピンクのコートを着たハナ。

ハナ（右はし）は日本聴導犬《ちょうどうけん》協会のイベントにも参加している。

ハナのピーアール犬としてのデビューは、大成功でした。ところが、かたづけも終わって、みんなで犬をつれ、のんびり外を歩いていたときのことです。

ハナが、いきなり、ジャーッと、おしっこをしてしまいました。ふだんなら、家でトイレをすますようにしつけているので、こんなことはありません。

「まあ、ハナったら、いったいどうしたの……」

裕子《ひろこ》さんがおどろくと、有馬《ありま》さんが笑っていいました。

「今日は最初に、何回もおしっこのチャンスをあげてくださいといいましたでしょ？　犬も、うまくやろうと緊張《きんちょう》すると、おしっこの回数がふえるんですよ」

その次の月にも、ハナは、聴導犬《ちょうどうけん》の「みかん」たちといっしょに、またイベントに出演《しゅつえん》しました。今度は、人を呼《よ》んできたり、タイマーや目覚まし時計の音を教える演技《えんぎ》もしました。ハナはこれも、しっかり全部こなすことができました。

ますますハナの出番はふえ、さまざまな場所に、裕子《ひろこ》さんといっしょに出かけていくようになりました。

やがて、二〇〇四年秋のことです。

聴導犬《ちょうどうけん》を題材にした「すずがくれた音」というテレビドラマがつくられることになりました。日本聴導犬《ちょうどうけん》協会の犬たちが、テレビに出ることが決まったのです。

ハナも、役をもらいました！　二回目のテレビ出演《しゅつえん》です。いよいよ撮影当日《さつえいとうじつ》、テレビ局に出かけていきます。

子犬が保健所で選ばれて、聴導犬《ちょうどうけん》に育てられていくお話です。撮影所《さつえいじょ》の屋外《おくがい》には、保健所そっくりの犬用のおりがならんでいます。協会のデモンストレーション会場のセットもつくられています。

テレビ局のスタッフや、俳優《はいゆう》たちは、真剣《しんけん》にドラマの撮影《さつえい》を進めていきました。

「さあ、次はハナちゃんの出番です！」

ハナは、保健所のおりに入れられている犬の役と、大人になって聴導犬《ちょうどうけん》となった犬の役を、りっぱにこなしました。

ハナは今でも、そのドラマのビデオを家で見ると、自分の鳴き声に反応《はんのう》してテレビ画面にくぎづけになります。どうして自分そっくりな犬がテレビにうつっているのか、不思議でならないのかもしれません。

それからも、ハナと裕子《ひろこ》さんは、学園祭やデパート、写真展《しゃしんてん》などいろいろな場所に出かけていってはデモンストレーションを行いました。

このようなイベントで、協会のスタッフは、聴導犬《ちょうどうけん》のことをくりかえし説明しています。

「もし聴導犬《ちょうどうけん》がオレンジ色のコートを着ていたら、それは今お仕事中、というしるしです。背中《せなか》をなでたりしたいと思ったときは、必ずユーザーさんの許可《きょか》をえてからにしてください。中には、とつぜん犬にご飯をあげようとしたり、『おすわり』や『お手』の芸をさせ

自分がうつっているテレビドラマ「すずがくれた音」を不思議そうに
のぞきこむハナ。

ようとする人もいます。でも、聴導犬《ちょうどうけん》の気を散らすことになるので、ユーザーさんがこまるんです」

「聴導犬《ちょうどうけん》をつれている人は、耳の不自由な人なのですから、もしこまっていることがあったら、協力してあげてください。ゆっくり口を大きくあけて話したり、紙に字を書いたり、携帯《けいたい》電話のメール機能《きのう》で文字を打って読んでいただけば、会話ができます」

しかし、イベントをしている最中《さいちゅう》でも、

「犬に人間の手伝いをさせるなんて、かわいそうじゃないか」

といってくる人がいます。

「いいえ、犬はとても知的《ちてき》な生き物です。能力《のうりょく》の高い犬は、能力《のうりょく》をいかすことで生き生きしてきます。健康に注意して、無理なことはさせず、喜んで仕事ができるようにしているんですよ」

と、裕子《ひろこ》さんや協会のスタッフが、どんなに説明しても、なかなか納得《なっとく》してくれません。

そういうときは、聴導犬《ちょうどうけん》のユーザーが、自分で、

「この犬は、わたしの家族と同じです。娘《むすめ》として毎日かわいがってやっています。犬もわたしのことを心から信じているんです」

と説明します。すると、理解《りかい》してもらえることが多いのです。

でも、このデモンストレーションに出ているハナのような犬たちを、よくよく注意して見てもらえば、そんな説明はいらないかもしれません。

どの犬もよく手入れされ、健康状態《じょうたい》もよく、毛なみもつやつやとしています。人間のことが好きで、演技《えんぎ》をするときは、はずむような足どりで、さも得意そうにやってみせます。ほかの犬の出番で、自分がやってみせられないときは、くやしそうに見ている犬さえあるのです。

今まで見てきたように、日本聴導犬《ちょうどうけん》協会のスタッフや、ソーシャライザーたちは、だれもがそれぞれの犬のことを親身《しんみ》になって考え、育てています。「虐待《ぎゃくたい》」とか「かわいそう」

という言葉は、まったくあてはまりません。

また、聴導犬《ちょうどうけん》の場合は、もし犬が年をとっても、そのまま飼《か》いつづけ、最期《さいご》まで世話をし、みとってやることができます。働けなくなったら、すぐ次の犬ととりかえるわけでもありません。

聴導犬《ちょうどうけん》などの補助犬《ほじょけん》が早く死ぬというのも、まったく根拠《こんきょ》のないまちがいです。

一人でも多くの人に、もっともっと聴導犬《ちょうどうけん》のことをわかってほしい。一日も早く、ユーザーと聴導犬《ちょうどうけん》が、安心して暮《く》らせる、人にも動物にもやさしい社会になってほしい。一頭でも多く、日本に優秀《ゆうしゅう》な聴導犬《ちょうどうけん》が誕生《たんじょう》してほしい。

そう願って、協会のスタッフや裕子《ひろこ》さんたちは、今日も活動を続けています。

おわりに

「聴導犬《ちょうどうけん》をはじめ、盲導犬《もうどうけん》、介助犬《かいじょけん》などの補助犬《ほじょけん》が、動物の虐待《ぎゃくたい》といわれることについて、どうお考えですか」

日本聴導犬《ちょうどうけん》協会の有馬《ありま》会長へのインタビューが、終わりに近づいたころ、わたしは思いきって切りだしました。有馬《ありま》さんは、しばらく目をふせて考え、それから早口で語りだしました。

「場合によっては、そういう例もあるでしょう。海外でですが、とてもきたなくて、くさいにおいのする盲導犬《もうどうけん》を見たことがあります。道でウンチをしてしまい、ユーザーがどなりつけていました。本当ならウンチの時間をきちんとあたえていないユーザーのせいなんです。シャンプーやブラッシングもされていず、目やにもたまっていました。これは半分、犬を育てた団体《だんたい》のせいでもあります。犬の世話の必要性《ひつようせい》を、きちんとユーザーさんに教育していないからです。こんな状況《じょうきょう》のままでは、虐待《ぎゃくたい》といわれてもしかたないですね」

虐待《ぎゃくたい》だなんて、そんなバカな、失礼なことを聞かないでください。そういわれるかと身がまえていたわたしは、正直おどろきました。有馬《ありま》さんは、続けます。

「だからわたしたち育成団体《いくせいだんたい》は、虐待《ぎゃくたい》などといわれることにならないよう、補助犬《ほじょけん》が幸せになる努力をしています。まずは犬をしっかりと育て、それからユーザーさんに犬の世話の仕方をきちんと指導《しどう》しなくてはならないんです」

「なるほど。中途半端《ちゅうとはんぱ》ではいけないお仕事なんですね」

「犬をお貸《か》ししたあとも、定期的に協会のスタッフが家までうかがって、きちんと生活できているかどうかたしかめます。逆《ぎゃく》にいうと、補助犬《ほじょけん》がほしいと思っているユーザーの方には、そこまでアフターケア（犬を貸《か》したあとのお手伝い）もしているかどうか、犬を育てている団体《だんたい》をよく選んでほしいんです」

ユーザーへのアフターケアも協会の大事な仕事の一つだ。

聴導犬《ちょうどうけん》について理解《りかい》してもらうため、ユーザーが暮《く》らす地元の自治体《じちたい》へ説明に行くこともある。

聴導犬《ちょうどうけん》を育てる活動を続けていくには、大変な労力《ろうりょく》と費用がかかります。協会の運営《うんえい》は、すべて寄付金《きふきん》や助成金《じょせいきん》、募金《ぼきん》などにたより、しかも聴導犬《ちょうどうけん》は無料で貸《か》しだしています。寄《き》付《ふ》が集まらず、スタッフに給料《きゅうりょう》が支払《しはら》えない時期が三年間もありました。

有馬《ありま》さんに、また質問《しつもん》してみました。

「聴導犬《ちょうどうけん》を育てる活動の、エネルギーの源《みなもと》になっているものはなんですか。有馬《ありま》さんだけでなく、スタッフのみなさんが一丸《いちがん》となって、苦しい状況《じょうきょう》でもこの仕事にとりくみつづけているのは、いったいどうしてですか」

すると、有馬《ありま》さんは、うなずきながらこう答えました。

「ほかの方からも、よくこの質問《しつもん》をされます。そのたびにこうお答えするんですが、わたしたちが育てた聴導犬《ちょうどうけん》をユーザーさんにおゆずりすると、こういう言葉をいただけるからなんです。『おかげで幸せになりました』って」

「聴導犬《ちょうどうけん》と出会えて幸せに？」

「そうです。たとえお医者さんが、重い病気を治《なお》せても、ありがとうといわれることはあっても、幸せになりました、といわれることは少ないでしょう。『ありがとう』もすばらしい言葉ですが、幸せになりましたといっていただける仕事は、そうそうほかにはありません」

「なるほど、たしかにそうですね」

「人間に愛された犬は、その愛を、またわたしたち人間に必ず返してくれます。それが、きっとユーザーのみなさんの幸せにもつながるのだと思います」

ソーシャライザーの大澤裕子《おおさわひろこ》さんも、こう話してくれました。

「子犬をあずかったあと、すぐ別れ別れになるのはさみしいでしょう、とよくいわれるんですが、全然そんなことはないんですよ。月に一度パピー・クラスに行けば、またすぐ会えますし、ぐんぐん成長していくようすも見られますから」

なにより、将来《しょうらい》、聴導犬《ちょうどうけん》になることを思えば、数か月でさよならすることも気にはならないというのです。

「聴導犬《ちょうどうけん》が、ユーザーさんと幸せそうに見つめあう『目』を見ると、たまらなくうれしいんです。その幸せを、自分も分けてもらえるような気がするんです。その日を夢《ゆめ》みて、子犬を協会に返します。もちろん、聴導犬《ちょうどうけん》にはなれなくたって、子犬たちには、それぞれ幸せな未来が待っていることもわかっていますし。だからわたしは、いつでも『行ってらっしゃい！』と元気よく子犬を送りだせる、ソーシャライザーでいたいと思っているんです」

裕子《ひろこ》さんのこの地道《じみち》な活動をささえたのが、いつも変わらずそばにいてくれたハナだったのでした。

募金箱

あとがき　天国のハナちゃんへ

高橋うらら
（児童文学作家）

『犬たちがくれた音』は、二〇〇七年十二月に出版《しゅっぱん》されました。その後、たくさんの方に読んでいただき、こうしてフォア文庫としてまた世に出せることを、大変ありがたく思っております。

年月がたったために、一部、文章や数字を修正《しゅうせい》したところもありますが、ほとんど最初のときのまま、文庫版《ぶんこばん》にさせていただきました。

この本の取材には、じつは後日談《ごじつだん》があります。出版《しゅっぱん》されてすぐのお正月、わたしが叔《お》父《じ》に「聴導犬《ちょうどうけん》に関する本を書いた」と年賀状《ねんがじょう》で知らせたところ、叔父《おじ》からすぐ、電話がかかってきました。

「同じ本のことが、大澤《おおさわ》さんからの年賀状《ねんがじょう》にも書いてあったよ。うちの犬が取材を受けましたって」

なんと、それまでまったく気づかなかったのですが、著者《ちょしゃ》のわたしと大澤裕子《おおさわひろこ》さんは、血はつながっていないものの、叔父《おじ》を縁《えん》にした遠い親戚《しんせき》どうしだったのです。

最初は何も知らず、インターネットの掲示板《けいじばん》で取材を申しこんだのですから、不思議なご縁《えん》です。道理《どうり》で初めてお会いしたときも、お話がはずみ、「とても親しみやすい方だなあ」と思ったわけでした。

わたしが、聴導犬《ちょうどうけん》に興味《きょうみ》を持ったのは、十歳《さい》年下の妹の耳が不自由だったことがきっかけでした。妹とは、別べつの家に暮《く》らしていますが、今でも「ああ、こういうときは大変なんだな」と気がつくことがあります。

妹がわたしの家に、そうじの手伝いに来てくれたことがありました。ところが、電気そうじ機のスイッチが入っていないのに、入っていると思って、そうじ機のホースの持ち手を動かしつづけていたのです。

音が聞こえれば、ゴーッという音がするかしないかで、すぐに気がつくことでも、こういうとき困《こま》るのですね。ふだんあまり意識《いしき》しませんが、健常者《けんじょうしゃ》は多くの音を聞きわけながら生活しています。

いつか旅行に行ったときも、妹が一人で部屋にいるとき、ふとんをしく係の男の人がいきなり入ってきて、死ぬほどおどろいたそうです。部屋のチャイムを鳴らしても、聞こえなかったのでしょう。もし、着がえなどしていたら大変なことですね。

妹はショックのあまり、このあと、しばらくホテルや旅館には泊《と》まりたくないといっていたくらいでした。こんなとき、チャイムの音を教えてくれる聴導犬《ちょうどうけん》がそばにいてくれたら、どんなに心強いことでしょう。

妹が、もし一人暮《ぐ》らしになったりしたら、聴導犬《ちょうどうけん》をパートナーにすることを、ぜひすすめたいと思っています。

最後に、とても悲しいことをお伝えしなければなりません。

犬の寿命《じゅみょう》は短く、主人公のハナは二〇一四年八月、天国に旅立ちました。大型犬としては長生きで、十六歳《さい》でした。

大澤家《おおさわけ》のペットたちのお母さん役として、裕子《ひろこ》さんをささえたハナ。

裕子《ひろこ》さんは、最期《さいご》まで献身的《けんしんてき》な介護《かいご》を続け、ハナをみとりました。亡《な》くしたあとは、悲しみのあまり涙《なみだ》する日もあったとうかがっています。

ハナが亡《な》くなったちょうど同じ日、大澤《おおさわ》さんの家で暮《く》らしていた猫《ねこ》の「空」も、ぐうぜんですが動物病院で寿命《じゅみょう》を終え、虹《にじ》の橋をわたりました。

ハナと空は今、日本聴導犬《ちょうどうけん》協会に貢献《こうけん》した犬（猫《ねこ》もふくむ）が入る「供養《くよう》メモリアル」にねむっています。ハナも空がいっしょなら、さみしくないのではないでしょうか？　きっと今ごろは、ほかの犬や猫《ねこ》たちといっしょに、天国で元気にかけまわっていることでしょう。

日本聴導犬《ちょうどうけん》協会は活動を続け、二〇一六年には創立《そうりつ》二十年をむかえるそうです。協会にこれまでに所属《しょぞく》した補助犬《ほじょけん》頭数（二〇一五年六月現在《げんざい》）は、聴導犬《ちょうどうけん》二十二頭、介助犬《かいじょけん》五頭にのぼります。長野県《ながのけん》の宮田村《みやだむら》には、新しい施設《しせつ》もオープンしており、これからも発展《はってん》が期待されています。

文庫版《ぶんこばん》を通して、聴導犬《ちょうどうけん》や耳の不自由な人たちのことが、さらに世の中に知られるようにと祈《いの》っております。

そして、日本聴導犬《ちょうどうけん》協会の活動を支援《しえん》してくださる方が、少しでも増《ふ》えますように！

ハナちゃん、これからも天国で、裕子《ひろこ》さんやみんなの活動を、どうぞ見守っていてくださいね！

◆取材協力・写真提供　順不同・敬称略

大澤裕子／社会福祉法人　日本聴導犬協会／ＮＰＯ法人　アニマルレフュージ関西（ＡＲＫ）

◆参考文献

『愛されるために生まれてきた犬たち』有馬もと（ナビゲーター）　郷土出版社
『聴導犬ものがたり　捨て犬みかんとポチ』有馬もと著　佼成出版社
『人はなぜ犬や猫を飼うのか』有馬もと著　大月書店
『アシスタンス・ドッグ』有馬もと著　大月書店
『犬と生きる』ＴＢＳどうぶつ奇想天外！スタッフ編　幻冬舎
『犬と分かちあう人生』エリザベス・オリバー著　晶文社出版

◆日本聴導犬協会　http://www.hearingdog.or.jp/
◆アニマルレフュージ関西（ＡＲＫ）　http://www.arkbark.net/

［著者紹介］

高橋うらら（たかはし　うらら）

東京都生まれ。日本児童文芸家協会理事。聴覚にハンディキャップのある家族を持つ。主な著書に『おかえり！アンジー 東日本大震災を生きぬいた犬の物語』『犬たちからのプレゼント』『猫たちからのプレゼント』（以上、集英社みらい文庫）、執筆協力に『渋谷ギャル店員 ひとりではじめたアフリカボランティア』（栗山さやか著 金の星社）がある。

MAYUMI（まゆみ）

写真家。日本聴導犬協会訓練マネージャー。英国聴導犬協会認定訓練マネージャー。写真提供書に『聴導犬ものがたり 捨て犬みかんとポチ』（佼成出版社）、『身体障害者補助犬法を知っていますか』『アシスタンス・ドッグ』（ともに大月書店）、『ジェイミーとペッグ ― 聴導犬物語』（福音館書店）などがある。

フォア文庫 http://www.4bunko.com

犬たちがくれた音　聴導犬《ちょうどうけん》誕生《たんじょう》物語《ものがたり》

2015年8月　第1刷発行

著　者　高橋うらら
写　真　MAYUMI
発　行　株式会社 金の星社
東京都台東区小島1-4-3
TEL 03 (3861) 1861・FAX 03 (3861) 1507

ISBN978-4-323-09105-1　NDC916　173×113

本文・平河工業社／カバー・広研印刷／製本・東京美術紙工
落丁・乱丁本はおとりかえいたします。

http://www.kinnohoshi.co.jp

《フォア文庫》刊行のことば　　フォア文庫30周年を迎えて

『だいすきな本みつかるよ!』

フォア文庫は、国際児童年の一九七九年十月、四つの出版社の協力出版という形で誕生しました。四つの出版社が一つの児童文庫を創るという画期的な試みは、出版革命とまで言われ、読者の期待を集めました。

創刊四十点から始まったフォア文庫を熱心に読んでくださった皆さんの先輩は、今では社会の最前線で活躍されています。三十年間に発行された本は、七七四点、約三千万冊を超えました。あたたかい声援を送り続けてくださった読者の皆さんのおかげです。

創作文学を中心に、ノンフィクション・翻訳・推理・SFと幅広い内容でスタートしたフォア文庫に、近年は皆さんのリクエストに支えられたファンタジーなど、エンターテインメントの書き下ろし作品も加わり、一層魅力的なラインナップになりました。

私たちは『だいすきな本みつかるよ!』と、自信を持って読者の皆さんに呼びかけます。フォア文庫は皆さんの現在と未来を見つめながら、より面白く、より胸をうつ、そして、より愛される本を作る努力を重ねてまいります。

やがて、皆さんは自立の時を迎えます。さまざまな読書の体験が、社会に羽ばたく皆さんの翼になってほしい、そんな願いをこめて、フォア文庫の出版を続けていきます。

「フォア文庫の会」